광고 중국어

광고 중국어

學古房

머리말

광고는 우리 생활과 너무나 밀접하고 중요한 사회적 요소로 기능하고 있어 이러한 광고의 중요성을 새삼 언급한다는 것조차 어쩌면 현대 사회에 있어 너무도 어리석은 생각이 될 수 있을 것이다. 일반적으로 광고는 "자본주의의 꽃"이라고 말한다. 소설가 이자 시인인 박경리(2008)는 그의 유고시집 ≪소문≫에서 광고를 "자본주의의 요염한 종이꽃"이라고 했고, "어디로 가나 세상 구석구석 광고의 싸락눈 안 내리는 곳이 없다"고 묘사하기도 했다. 그 만큼 광고는 현대인의 생활 속에서 떨어질 수 없는 중요한 상업적 가치로서 인정받고 있다.

하지만 이러한 광고의 내용을 살펴보면 상당히 폭넓은 범위를 가지고 있으며, 이에 따라 다양한 광고의 분류가 이루어지고 있다. 옥내광고, 옥외광고, TV 광고, 인쇄 광고… .

그럼에도 광고는 한 가지 중요한 결과물을 만들어내야 하는 것에는 이론의 여지가 없다. 즉, 광고는 효과가 있어야 한다는 것이다. 따라서 효과적인 광고를 만들기 위해 광고는 색다른 디자인과 색채, 내용의 전달성 등을 중시하게 되는데, 이 중에서도 디자인과 색채는 특히 중요한 부분을 차지한다.

이들 광고 중 옥외 광고는 특히 색채감과 이미지를 중요시한 것이 많다. 이는 옥외광고가 가능한 많은 사람들의 시선을 단시간에 흡수할 필요성으로 인해 생겨난 것으로 동시대, 동일 지역 사람들을 주요 대상으로 가장 선호되는 색채와 이미지를 채택하게 된다.

그렇다면 우리가 보고자 하는 중국에서의 광고 색채와 디자인은 어떤 모습을 지니고 있을까? 중국에서의 광고 중 가장 눈에 띄는 색채감은 붉은 색 계열을 들 수 있다. 이는 붉은 색 계열이 지니는 열정과 강렬함 등이 중국인들의 의식 속에서 자연스럽게 다가오기 때문이다. 최근 들어 중국 광고에서는 색채감이 다양하게 변화하고 있음을 볼 수 있는데, 그럼에도 붉은 색 계열 바탕에 하얀색 글씨 혹은 하얀 바탕에 붉은 색 글씨가 여전히 눈에 자주 띄며, 전자의 모습은 아직도 우월하다.

한편 중국 간판의 경우 지나치게 딱딱하다는 느낌이 다가오는데, 이는 색채의 문제만이 아니다. 디자인과 관련, 중국에서의 옥외광고 디자인은 도시 중심, 혹은 대형 회사들의 옥외광고를 제외한 일반 광고에서는 여전히 붉은 색 계열의 색채감을 중심으로 한 단일한 글꼴 및 디자인 광고가 주를 이루고 있다. 물론 시내 중심일수록 다양한 글꼴과 디자인을 볼 수 있으며, 이를 통해 현재 많은 중국인들이 광고를 하는데 있어 디자인을 고려하는 경향이 많아짐도 엿볼 수 있기도 하다. 하지만 도시 중심권을 조금 벗어나면 역시 붉은 색 위주의 고딕 글씨체 광고판이 우리 눈에 자주 띄며, 도심에서 멀어질수록 이러한 광고는 많아진다. 이러한 광고가 일면 촌스러워 보이기도 하지만 여전히 순박한 중국인의 삶을 보여주기도 한다. 즉, 우리 삶의 경제적 영향력을 직접적으로 보여주는 광고가 시대적, 지역적 차이에 따른 광고의 변화를 보여줌으로써 여전히 경제적으로 발달되지 못한 곳에 대한 삶의 다양한 형태를 보여주고 있는 것이다. 하지만 광고가 사람들의 주목을 이끌어내야 하는 목적을 지닌 것이기에 글꼴 및 디자인의 다양화는 필연적인 과정일 수밖에 없다. 그럼에도 현실에서의 이러한 광고, 특히 옥외광고는 다양한 중국의 삶을 보여주는 동시에 현실의 고민도 함께 보여줌으로써 우리가 중국 사회를 볼 수 있는 또 하나의 바로미터가 되고 있다.

  이 책에서는 주로 우리가 일상 속에서 만날 수 있는 중국의 광고 면면들을 살펴보는데 있으며, 그 가운데서도 옥외광고, 즉 간판, 조명, 전단지 등등이 주된 내용이 된다. 한 지역에서 광고를 돌아보며 문화를 이해한다는 것은 그 지역의 삶을 이해할 수 있다는 면에서 무척이나 즐거운 일이다. TV광고는 TV광고 나름대로의 특색이 있고, 옥외광고는 옥외광고대로의 특색이 있다. 발로 뛰며 광고 속에 파고들어가 광고를 탐색하고 풀어내는 것은 색다른 느낌을 갖게 한다. 광고 속에는 웃음이 있고, 즐거움이 있으며, 감동이 있다. 즉 인간의 삶이 있는 것이다. 이 책을 통해 필자는 중국에 관심을 가지고 있는 독자들이 중국 사회 및 중국 문화에 좀 더 가깝게 다가설 수 있는 또 다른 계기가 될 수 있기를 희망한다.

저 자

목 차

머리말 ·· 5

제1부 중국에서의 옥외광고

1) 중국 광고에서의 색채감 ·· 11
2) 지하철과 버스를 이용한 광고 ·· 13
3) 삼륜차에도 광고가… ·· 15
4) 중국화(中國化)된 옥외 광고 ·· 18
5) 광고, 그리고 798 ·· 25

제2부 옥외광고의 분류와 그 실례

1) 교육 (학교, 학원, 도서관, 기숙사) ································ 27
2) 공익 (생활편의, 교통편의, 의료편의, 환경편의) ············· 55
3) 교통 (공항, 교통신호체계, 자전거, 자동차) ···················· 88
4) 예술 (그림, 서예, 예술 종사자, 예술 관련 산업) ·········· 125

5) 체육 (경기장, 체육인, 체육 종목) ·················· 144

6) 의료 (병원, 약국, 의료인, 생활의학) ··················· 194

7) 여가 및 취미 (건강, 관광, 쇼핑, 차, 취미) ············ 224

8) 생활 - 의식주 (음식과 술, 미용, 숙박, 편의시설) ········· 244

9) IT 기술 (미디어, 상가, 시장, 상인, 상품, A/S) ············ 306

10) 기타 (생활, 명절, 환경, 편의 시설) ····················· 326

○ **EPILOGUE** ·································· 342

제1부 중국에서의 옥외광고

1) 중국 광고에서의 색채감

광고는 현대 사회에서 우리 생활과 너무나 밀접한 관계를 맺고 있는 상업적 요소라 할 수 있다. 중국 광고의 색깔은 어떤 색깔일까? 중국에서 광고를 하는데 가장 눈에 띄는 색채는 붉은 색 계열이다. 특히 옥외 광고에 있어 붉은색 바탕에 하얀색 글씨 혹은 하얀색 바탕에 붉은색 글씨가 눈에 띄는데, 전자가 대부분이다. TV 광고에서는 옥외광고와는 달리 붉은색이 그리 많이 보이지는 않는다.

또, 중국 간판의 경우 지나치게 딱딱하다는 느낌이 있는데, 이는 색채의 문제만이 아니다. 디자인과 관련, 중국에서의 옥외광고 디자인은 도시 중심, 혹은 대형 회사들의 옥외광고를 제외한 일반 광고에서는 여전히 붉은 색 계열의 색채감을 중심으로 한 단일한 글꼴 및 디자인 광고가 주를 이루고 있다. 물론 시내 중심일수록 다양한 글꼴과 디자인을 볼 수 있으며, 이를 통해 현재 많은 중국인들이 광고를 하는데 있어 디자인을 고려하는 경향이 많아짐도 엿볼 수 있기도 하다. 하지만 도시 중심권을 조금 벗어나면 역시 붉은 색 위주의 고딕 글씨체 광고판이 우리 눈에 자주 띄며, 도심에서 멀어질수록 이러한 광고는 많아진다. 이러한 광고가 일면 촌스러워 보이기도 하지만 여전히 순박한 중국인의 삶의 모습을 보여주기도 한다. 즉, 우리 삶의 경제적 영향력을 직접적으로 보여주는 광고가 시대적, 지역적 차이에 따른 광고의 변화를 보여줌으로써 여전히 경제적으로 발달되지 못한 곳에 대한 삶의 다양한 형태를 보여주고 있는 것이다. 하지만 광고가 사람들의 주목을 이끌어내야 하는 목적을 지닌 것이기에 글꼴 및 디자인의 다양화는 필연적인 과정일 수밖에 없다. 그럼에도 현실에서의 이러한 광고, 특히 옥외광고는 다양한 중국의 삶의 모습을 보여주는 동시에 현실의 고민도 함께 보여줌으로써 우리가 중국 사회를 볼 수 있는 또 하나의 바로미터가 되고 있다.

우리도 무분별한 간판 광고의 난립을 막고자 단속을 하고 있지만, 최근 중국에서도 베이징올림픽을 맞이하기 위한 간판의 규격화를 요구, 통일된 크기의 간판을 거리에서 만날 수 있다.

한 지역에서 광고를 돌아보며 문화를 이해한다는 것은 그 지역의 삶을 이해할 수 있다는 면에서 무척이나 즐거운 일이다. TV광고는 TV광고 나름대로의 특색이 있고, 옥외광고는 옥외광고대로의 특색이 있다. 발로 뛰며 광고 속에 파고들어가 광고를 탐색하고 풀어내는 것은 색다른 느낌을 갖게 한다. 광고 속에는 웃음이 있고, 즐거움이

있으며, 감동이 있다. 즉 인간의 삶이 있는 것이다. 중국인 및 중국 사회에는 너무도 익숙한 중국의 상징색인 붉은 색과 이를 이용한 옥외광고는 비록 시대의 흐름에 따라 변화하고 있지만, 중국을 방문하는 외국인들의 눈에는 어색할 수 있다. 하지만 광고가 그 지역 및 지역 사람들에게 다가서는 가장 근원적인 모습이라는 사실에 견주어 본다면 중국 및 중국인의 삶에 대한 또 다른 이해의 방편이 될 수 있음은 분명하다.

2) 지하철과 버스를 이용한 광고

일상적인 생활 속에서 쓰이는 광고라는 말은 넓은 의미의 정보전달 행위를 말한다. 그러나 일반적으로 마케팅 학자들은 그 일부분만을 광고 행위로 포함시키고 있다. 특히 광고란 광고주가 소정의 사람을 대상으로 광고목적을 달성하기 위하여 행하는 상품, 서비스, 아이디어(사고, 방침, 의견 등)에 대해서의 정보전달 활동이며, 그 정보는 광고주의 관리 가능한 광고매체를 통하여 나타나는 것이다. 광고는 기업의 광고 목적의 수행은 물론, 소비자 또는 이용자의 만족, 나아가 사회적, 경제적 복지의 증대화 등의 기능을 수반한다. 이러한 마케팅 광고에 있어 국제적 행사는 그 광고 효과를 극대화 시키는데 가장 적합한 시공간으로 여겨진다.

2008년 중국에서 열린 올림픽은 이러한 의미에서 광고주들에게는 놓칠 수없는 '호기'가 되었고, 이 시기를 통해 자신들의 광고 수익을 극대화하려는 모습을 보이는 것은 당연한 현상이라 할 수 있을 것이다. 하지만 지나친 광고는 사람들로 하여금 일상생활을 방해할 수 있고, 오히려 광고의 역현상으로 나타나기도 한다.

중국의 버스 및 지하철 역사에서 만나는 광고물들은 요란하다. 우리와 비슷하기는 하지만 색깔에 있어서 눈이 피곤할 정도이다. 특히나 올림픽 기간 중에는 대형 광고물들이 눈에 특히 많이 보였다. 올림픽 후원업체로 선정이 된 삼성의 광고 역시 예외가 아니다. 삼성의 광고는 어디를 가도 눈에 띈다. 대형버스를 뒤덮고 중국 거리를 헤집고 다닌다.

중국의 지하철은 1호선, 2호선, 빠퉁(八通)선, 13호선, 5호선, 10호선 등으로 구성이 되어있고 갈수록 각 지역별로 늘어나는 추세에 있다. 이에 따라 지하철을 둘러싼 지역의 상업화 역시 활발하게 진행되고 있다. 지하철 역사로 들어가 보면 각종 기업 및 공익 홍보 등의 광고가 즐비하다. 특히 지하철 역사에 부착된 기업들의 광고를 보면 중국에서의 지하철 발전 모습을 몸소 체험할 수 있다.

이 같은 지하철 역사 역시도 광고 변화에서 예외일 수 없다. 불과

몇 해 전까지만 해도 광고를 하기에 더할 나위 없이 좋은 그런 공간이었음에도 공익광고 이외에는 허락지 않았던 지하철 내부의 광고가 이제는 기업 광고 유치의 장으로 변하였고, 갈수록 그 효용가치에 따른 수익을 극대화하려는 모습을 보여주고 있다는 것이다. 아직까지는 지상의 광고가 지닌 것만큼의 모습을 보이지는 못하지만 도시 생활의 발전과 더불어 더욱 다양하고 활발한 모습을 지니게 될 것임은 분명해 보인다.

3) 삼륜차에도 광고가…

광고란 신문, 잡지, 라디오, TV, 옥외 간판 등 일반적으로 비인적(非人的)매체를 통하게 되는데, 여기에는 제작비와는 별도의 광고요금의 지불이 뒤따른다. 이와는 달리 매체 측의 의도에 따라 광고주의 활동이 신문 등 매스미디어의 기사가 되는 경우(퍼블리시티)도 있는데, 이는 언뜻 광고와 같아 보이나 광고주는 매체요금을 지불하지 않기 때문에 광고로 분류되지 않는다. 하지만 이러한 퍼블리시티는 PR이나 판매촉진의 일부로 여겨지며, 다양한 형태의 퍼블리시티 광고들이 나타나고 있다.

이러한 광고 형태의 변화는 현대 산업사회 발전에 따른 특수한 모습의 광고, 혹은 광고 유사물의 형태로 이해될 수 있으며, 앞으로도

인간의 다양한 삶만큼이나 다양한 광고의 모습이 등장하게 될 것은 너무도 자명한 일이라 할 것이다.

이러한 현상은 중국에서도 예외가 될 수는 없다.

최근 중국에서는 대규모 국제 행사 개최를 통해 중국 및 중국인의 삶의 현실을 국내외에 자신 있게 내보이고 있다. 특히 2008년 베이징 올림픽과 2010년 상하이 국제박람회 등은 최근 중국에서 벌어진 대표적 국제행사라 할 수 있는데, 중국 사회는 이러한 국제적 행사를 통해 그동안의 사회 폐쇄적 이미지를 극복하고 이미 자신들의 위치가 국제화 대열에 함께 서 있음을 증명하였을 뿐 아니라, 이미 그들이 국제 사회의 주요한 일원이 되었음을 보여주었다. 짧은 시간동안 달성한 고도의 중국의 경제 성장은 중국 사회를 고도의 산업사회로 탈바꿈하였고, 많은 중국인들의 삶 역시 빠른 속도로 변화시키고 있다. 그럼에도 불구하고 중국의 일부 사회구성원들의 삶의 모습은 현재의 시간과 병행하지 못한 채 여전히 과거 삶의 모습에 기대어 진행되고 있는 모습도 볼 수 있다. 이러한 모습들은 특히 일부 변화되는 광고의 형태를 통해 잘 드러난다.

중국에서의 국제적 행사가 중국 사회 변화에 많은 기여를 한 것은 분명하다. 특히 이러한 국제적 행사 기간 동안 시행되는 강력한 정부의 통제력은 사회변화에 직접적인 영향을 미치기도 한다. 예를 들면 중국에서는 올림픽 기간 동안 베이징 시내에서 삼륜차와 자전거의 운행을 통제시켰다. 이에 따라 베이징 시내에서 삼륜차나 자전거의 모습은 그 수에 있어 예전과는 많은 차이를 보이게 되었다. 하지만 이들 삼륜차나 자전거는 시내에서 외곽으로 조금만 나가게 되면 여전히 자신들의 삶의 모습을 유지해 나갈 수 있었고, 행사가 끝나고

난 후에는 오히려 발전되는 사회 속에서 새로운 형태로서의 모습을 선보이게 되기도 한다.

사회적 삶의 변화는 소비 수준의 향상에 맞추어 중국 사회를 크게 변화시켰는데, 예를 들면 예전과 다르게 일반 수동 자전거에서 전기 자전거로의 변화가 눈에 띄게 늘었으며, 삼륜차 보다는 택시 등의 고급 운송수단이 발달함으로써 삼륜차의 새로운 변화모습이 나타나게 되었던 것이다.

이러한 변화 중 가장 눈에 띄는 것은 일부 현상이기는 하지만 삼륜차에도 광고가 시작되었다는 것이다. 일반적으로는 개인적인 광고, 주로 가정교사를 구하는 광고가 많지만 사진에서 보는 바와 같이 기업 홍보를 위한 수단으로 사용되기도 한다. 발전하는 대도시에서 삼륜차의 모습은 도시인들로 하여금 과거와 일반 서민들의 삶을 연상시켜 중국적인 것의 하나로 관심받게 하였고, 이러한 관심은 자연스럽게 사람들의 시선을 집중시키는 매개체가 됨으로써 광고로서 떠오르게 되었던 것이다.

옛 것과의 조화 속에서 새롭게 변해가는 중국 사회의 단면은 또 이렇게 새로운 문화를 만들어간다.

4) 중국화(中國化)된 옥외 광고

광고에는 광고주의 이름이나 브랜드명이 반드시 나타나야만 한다. 만약 이때 브랜드명이 광고주를 금방 알 수 있는 힘이 있으면 브랜드가 광고주의 이름을 대신 할 수도 있다. 이러한 광고는 특히 최종 소비자, 일반의 상업용품이나 업무용품의 이용자, 유통업자 등을 대상으로 광고주의 상품, 서비스, 주장(사고), 방침(아이디어)을 전달하게 되는 것이 일반적이다.

교통 통신의 발전과 글로벌 사회의 도래라는 사회적 변화는 광고라는 상업적 행위를 일정지역과 사회로부터 다양한 민족과 사회에서 공유할 수 있게 하였다. 하지만 이러한 글로벌화 되는 광고에는 반드시 그 사회에서 수용될 수 있는 모습으로의 변화가 필수적이며, 그 사회 역시 능동적인 선택을 통해 광고의 효과를 극대화하려 한다.

중국 사회에서도 이러한 광고의 확대와 선택을 통해 중국 사회가 지니는 독특한 특징들을 보여주고 있는데, 특히 이러한 광고의 확대와 선택은 중국어라는 특수한 언어적 특징을 통해 잘 드러나고 있다.

우리나라를 비롯한 아시아 대부분의 국가에서는 같은 한자 문화권의 역사를 지녀온 까닭에 한자의 사용이 그리 낯설지 않다. 그러나 한자문화권에 속하지 않은 유럽이나 미국에서 온 기업이나 개인에게 있어 한자는 전혀 새로운 체재를 지닌 독특한 언어로 많은 이질감을 전해준다. 최근에 이르러 외래어의 사용이 점차 완화되고 있기는 하지만 문제는 중국 사회가 이러한 외부사회로부터의 접촉 과정에서 여전히 한자 문화라는 독특한 언어를 강요한다는 점이다. 이에 따라 중국에서 활동하고자 하는 이들은 반드시 중국 사회가 원하는 형식의 새로운 언어에 주의해야 하는데, 광고는 이러한 중국 사회에서의 한자 문화의 형태 및 변화를 명확히 보여주고 있다.

우리가 이미 잘 알고 있듯이 한자는 매 글자가 모두 하나 이상의 뜻을 가지는 표의문자다. 이 때문에 중국에서의 광고는 자신들의 의미를 드러내기 위해 한자가 가진 주요 성분인 뜻과 음(音) 중 어떤 것을 중심으로 삼을 것인지를 결정하는 것은 매우 중요하다. 최근에 이르러서는 특히 의역어나 음역어 중 어느 하나가 우세를 차지하지 못하고 공존하고 있는 경우, 의역어가 있음에도 불구하고 특이하게 음역어가 의역어를 대체하고 있는 경우 등 다양한 유형이 나타나고 있다.

중국 사회에서는 광고 제작시 외래어를 대부분 자국의 언어로 표기함을 원칙으로 한다. 하지만 만약 광고주가 중국어와 외래어를 함께 쓰고자 한다면 반드시 중국어를 먼저 쓰고 난 후 외래어를 병기해야 한다. 이 때 글씨는 반드시 중국어보다 커서는 안 되며, 그 표기법 역시 다음과 같은 형태를 지닌다.

가) 순음역 외래어

중국어 글자로 '뜻'을 살리면서도, 발음도 그대로 유지할 수 있는 이름을 짓는다면 이는 가히 최고의 방법이라 할 만하다. 이런 의미에서 기본적인 음역(音译)을 마친 후 단어가 속한 부류나 기본적인 특징을 나타내는 어소를 첨가한 순음역 외래어는 외래어 광고의 주요 방식으로 거론된다.

순음역 외래어는 음역한 음이 원래 단어의 독음과 비슷할 뿐만 아니라 뜻도 원래 단어의 의미와 상당히 부합한다. 이렇게 음과 뜻이 상관관계에 있는 음역어들은 꽤나 절묘한 배합으로 생명력이 느껴진다. 이는 중국인들의 탁월한 한자 운용감각이라 할 수 있다.

대표적인 예로 근대 이후 중국에서 사용되는 외래어 중 가장 지명도가 높은 광고로 평가받고 있는 코카콜라를 들 수 있다. 중국어로 코카콜라는 可口可乐(커코우컬러)라 읽으며, '입맛에 즐거움을 주는' 이라는 뜻을 지닌다. 펩시콜라 역시 중국어로 百事可乐(바이스컬러)라 고 읽으며, '만사가 즐겁기를' 기원하는 의미를 지니게 된다.

이 밖에도 대형 할인점인 이마트 역시 중국에 진출하면서 易买得(이마이더-쉽게 살 수 있는)를, 대형 피자 체인점인 피자헛은 必胜客(삐성커-화이팅 손님)를 선택함으로써 중국인들의 환영을 받았다.

외래어를 표기함에 있어 음을 모두 맞추는 것은 만만치 않은 작업이다. 위에서 살펴본 것처럼 잘만 지으면 세계적인 브랜드 효과를 지닐 수 있겠지만, 어설프면 이도저도 아닌 게 되기 십상이다.

나) 반음역(半音譯) 외래어

순음역 외래어와는 달리 외래어의 뜻이나 음만을, 혹은 뜻과 음을 혼합하여 중국어로 옮기는 형태의 반음역 외래어는 일상생활의 소비품 광고에서 흔히 찾아볼 수 있다. 이 경우 한자는 음이나 뜻만을 나타낼 뿐 두 가지 모두를 담보하지는 않는다. 이러한 중국어 조합방식은 다음과 같이 나눌 수 있다.

㉮ 뜻만 살린 광고

이미 보통명사로 쓰이는 중국어 단어들 가운데는 영어 등에서 온 단어들이 꽤 있다. 이 단어들은 그냥 일상적인 중국어로 사용되는 외래어 표현으로 중국어가 매 글자 의미를 가지고 있음을 이용해 만든 것들이다.

핫도그는 뜻 그대로 热狗(러거우-뜨거운 개)라고 쓰고, 블루투스는 蓝呀(란야-푸른 이빨)로, 하드락 카페(Hard Rock Cafe)는 硬石(잉스-단단한 돌)로 만드는 것 따위가 대표적이다.

이 방법은 고유명사의 번역에도 사용된다. 한국어나 일본어는 한자의 사용과 더불어 표음문자라는 언어적 특징을 지니고 있다. 따라서 이들 나라에서는 외래어를 발음대로 표기할 수 있는 문자 체계를 이용하여 다양한 외래어를 비교적 원음에 가깝게 표기할 수 있지만, 중국어는 표의문자인 한자만을 사용하기에 같은 한자문화권이면서도 외래어 표기에 많은 어려움을 지닌다. 이에 따라 중국 광고시장에서는 종종 우스꽝스러운 상황이 나타나기도 한다.

그 대표적인 예가 바로 T.G.I 프라이데이라 할 수 있다.

외래어에 익숙하지만 중국어는 알지 못하는 사람들이라면, 혹은 중국어만 익숙한 채 외래어는 익숙하지 않은 사람들은 도저히 알 수 없는 이름의 식당, 星期五餐厅(싱치우 찬팅-금요일 식당)은 중국어 광고 시장에서 적합한 명칭을 얻기가 얼마나 어려운 일인지를 다시 한 번 일깨워준다.

㉯ **음만 살린 광고**

2011년 4월 8일 慧聪网(후이총왕)에는 다음과 같은 제목의 글이 실렸다.

北京希尔顿酒店特别推出母亲节午餐

한자를 잘 아는 사람이라 해도 중간에 나오는 몇 개의 글자는 이 문장을 이해하는데 많은 어려움을 준다. 하지만 이를 해석하면 다음과 같다.

베이징 힐튼 호텔에서 어머니의 날을 맞아 특별히 선보이는 메뉴

여기에서 希尔顿(시얼둔)은 힐튼의 중국식 명칭으로 음이 같거나 비슷한 글자를 빌려 쓰는 방식인 '가차'(假借) 표기다. 하지만 이러한 한자를 이용한 가차 표기 방식은 외국인 뿐 아니라 중국인들에게도 많은 음역상의 혼란을 가져오는

것이 사실이다. 이는 중국어의 표의문자라는 특징으로 인한 어쩔 수 없는 결과이기는 하다. 하지만 글로벌화 되어가는 현대 사회에서는 원음과 다른 외래어의 가차 표현은 음역에 대한 중복적 교육이 요구된다.

이처럼 중국에서는 개별한자의 의미는 크게 개의치 않고 음만 따서 부르는 단어들이 많이 사용되고 있다. 특히 글로벌화 된 광고시장에서 이러한 모습은 더욱 분명히 드러난다.

한국에서도 낯익은 단어 '喜来登(시라이덩-희래등)'은 중국에서는 쉐라톤을 의미한다. 호텔을 의미하는 '饭店(판뎬)'과 함께하면 쉐라톤 호텔이 된다. 하지만 똑같은 광고가 한국에서는 중국집 광고로 쓰이고 있으니 이를 잘못 이해하면 웃지 못 할 실수를 저지를 수도 있다.

㉯ 뜻과 음을 혼합한 광고

중국의 광고 중에는 일부는 음역을 하고 일부는 의역을 한 단어도 많이 보인다. 아마도 대표적인 광고 중 하나가 스타벅스(starbucks)일 것이다. 스타벅스는 중국어로 '星巴克(싱바커)'라고 한다. 이는 스타(star)의 중국식 뜻을 나타난 星(싱)과 벅스(bucks)의 음역인 巴

克(바커)가 만나 만들어진 명칭이다. 아마도 이런 식의 조합법을 알지 못한다면 그 의미를 파악하기란 무척이나 어려울 것이다.

이처럼 음가와 의미를 혼합한 중국인들의 외래어 표기 방식은 특히 외국기업들의 중국 진출 과정에서 많은 어려움을 주는 것들 중 하나이며, 자신들의 이미지를 광고라는 형식으로 알려야 할 필요성이 큰 기업에 있어서는 커다란 고민거리가 아닐 수 없다.

최근 대외 개방의 폭이 큰 폭으로 확대된 중국 사회는 일부 대도시를 중심으로 중국어 광고 이외에도 다양한 언어의 광고가 나타나고 있기는 하지만 여전히 한자를 조합한 방식의 표현법은 가장 유용한 방식으로 인식되고 있다.

참고로 아래와 같은 단어를 통해 몇몇 중국어의 표현법을 아는 것도 재미를 더할 수 있을 것이다.

氷激淋(ice-cream 아이스크림), 迷你裙(mini-skirt 미니스커트), 摩托车(motocycle 오토바이), 诺贝尔奖金(Nobel Prize 노벨상), 霹雳舞(break dance 브레이크 댄스), 厘米(centi-meter 센치미터),

5) 광고, 그리고 798

광고의 목적은 기업목표의 달성, 소비자 또는 이용자의 만족, 나아가 사회적 경제적 복지의 증대 등에 있다. 광고는 기업이 마케팅의 하나의 수단으로써 기업목표의 달성을 위해 쓰이는 것이나 그렇다고 기업 측 마음대로 하는 것이 아니다. 기업 활동에는 사회적인 책임이 뒤따르는 것으로서 사회적, 경제적 복지에 상반되는 광고는 시장에서 비판의 대상이 되어 오래 견디지 못한다. 이러한 의미에서 최근 중국에서는 '798 (치지우빠)'라는 광고가 눈에 띈다.

'798'이 우리의 주목을 끄는 이유는 뭘까? 예전에 모 일간지에도 소개된 적이 있는 798은 최근 베이징에서 떠오르는 관광지 중의 하나로 '예술구역'이라고 불리는 곳이다.

우스갯소리지만 '798' 발음을 얼핏 잘못하게 되면 '去酒吧(술집에 갑시다)'가 되어 엉뚱한 곳으로 가게 되는 상황이 벌어지니 어설픈 중국어 발음은 금물이다. 798이 자리하고 있는 이 지역은 1950년대 초 구소련 정부의 지원으로 건설된 연합공장이 있던 지역이었는데, 공간을 활용하는데 있어서 예전에 사용했던 기계나 시설 등을 그대로 두고 미적 예술 감각을 더했다는 것이다. 우리와는 전혀 다른 발상이다. 심지어는 그 지역에 있는 카페를 들어가 봐도 계량기 등, 일부 시설들이 그대로 남아 있을 정도이다. 798에서는 젊은 예술인들을 중심으로 예술 작품을 전시, 판매하기도 하고 다양한 공연을 펼치기도 한다. 지금도 계속 그 공간이 확대되는 추세이며 국내외 갤러리가 속속 들어서고 있다. 798에서는 전시회가 1년 내내 열린다고 보면 된다. 798에는 예술 공간 이외에도 식당이나 카페, 주점, 서점 등의 편의시설도  갖추어져 있어 편리함을 더하고 있다. 예술구역 798은 크게 떠벌리며 광고하지 않아도 관광객들의 발길을 끄는 뭔가가 있다. 관광을 생각한다면 798을 가보라고 권하고 싶은 곳이다.

　이처럼 최근 중국에서는 광고를 기업이 마케팅의 하나의 수단으로써 기업목표의 달성을 위해 쓰기도 하지만, 기업 활동의 사회적인 책임을 인식하고 사회적, 경제적 복지를 이용한 새로운 광고 시장이 개척되고 있으며, 이는 점차 활발하게 확대되어가고 있다.

제2부 옥외광고의 분류와 그 실례

1) 교육

- **광고지문**: 女生宿舍-未经许可男士免入

  [nǚshēng sùshè-wèi jīng xǔkě nánshì miǎnrù]
- **해석**: 여학생기숙사-허가를 받지 않은 남자는 들어오지 못함
- **단어설명**

女生	nǚshēng	여학생
宿舍	sùshè	기숙사
未	wèi	~아 아니다
经	jīng	경유하다
许可	xǔkě	허가(하다)
男士	nánshì	남자
免入	miǎnrù	들어오지 못하다

작문

男生不可以进入女生宿舍。

남학생은 여학생 기숙사에 들어가서는 안 된다.

[Nánshēng bù kěyǐ jìnrù nǚshēng sùshè]

■ 관련광고

기숙사에서 하지 말아야 할 것은 무엇일까요?

赌 dǔ(도박) 毒 dú(마약) 酒 jiǔ(술) 打架 dǎjià(싸움)

- **광고지문:** 学生公寓 [xuéshēng gōngyù]
- **해석:** 학생아파트
- **단어설명**

学生	xuéshēng	학생
公寓	gōngyù	아파트

 작 문

那儿有一套新建的公寓。
거기에는 새로 지은 아파트가 있다.
[Nàr yǒu yī tào xīn jiàn de gōngyù.]

- **광고지문:** 学生饮食的安全营养 关系着我们的未来

  [xuéshēng yǐnshí de ānquán yíngyǎng guānxì zhe wǒmen de wèilái]

- **해석:** 학생 음식의 안전한 영양은 우리의 미래와 관계된다.

- **단어설명**

学生	xuéshēng	학생
饮食	yǐnshí	음식
安全	ānquán	안전
营养	yíngyǎng	영양
关系	guānxì	관계
未来	wèilái	미래

 작문

中国的饮食种类很多。
중국의 음식 종류는 매우 많다.
[Zhōngguó de yǐnshí zhǒnglèi hěn duō.]

- **광고지문**: HSK 北京语言大学 [Běijīng yǔyán dàxué]
- **해석**: 북경언어대학교
- **단어설명**

北京	Běijīng	베이징
语言	yǔyán	언어
大学	dàxué	대학교

 작 문

我妹妹明年考大学。
내 여동생은 내년에 대학 입시를 치른다.
[wǒ mèimèi míngnián kǎo dàxué.]

■ 관련광고 :

- **광고지문:** 家教 [jiājiào]
- **해석:** 가정교사
- **단어설명**

| 家教 | jiājiào | 가정교사(家庭教师의 줄임말) |

 작문

我上大学的时候当过家庭教师。
나는 대학 다닐 때 가정교사를 한 적이 있다.
[Wǒ shàng dàxué de shíhòu dāng guò jiātíng jiàoshī.]

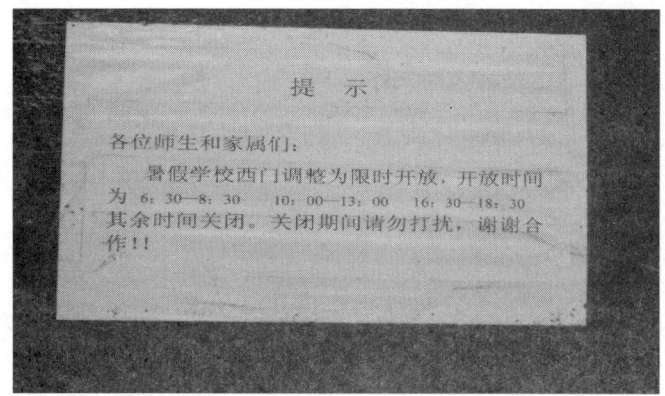

- 광고지문:

   提示 各位师生和家属们：暑假学校西门调整为限时开放，开放时间为 6:30~8:30 / 10:00~13:00 / 16:30~18:30 其余时间关闭，关闭期间请勿打扰，谢谢合作！

   [tíshì gèwèi shīshēng hé jiāshǔ men : shǔjiǎ xuéxiào xīmén tiáozhěng wèi xiànshí kāifàng, kāifàng shíjiān wèi 6:30~8:30 / 10:00~13:00 / 16:30~18:30 qí yú shíjiān guānbì, guānbì qījiān qǐng wù dǎrǎo, xièxiè hé zuò！]

- 해석:

   공지, 선생님과 가족 여러분 : 여름방학학교 서문 개방 시간을 제한해 조정합니다. 개방 시간은 6:30~8:30 / 10:00~13:00 / 16:30~18:30 그 나머지 시간은 문을 닫습니다. 폐문 기간에는 소란스럽게 하지 마세요. 협조에 감사드립니다.

■ 단어설명

提示	tíshì	공지
各位	gèwèi	여러분
师生	shīshēng	선생님과 학생
家属	jiāshǔ	가족
暑假	shǔjià	여름방학
学校	xuéxiào	학교
西门	xīmén	서문
调整	tiáozhěng	조정하다
为	wèi	~이 되다
限时	xiànshí	시간을 제한하다
开放	kāifàng	개방
时间	shíjiān	시간
其余	qíyú	그 나머지
关闭	guānbì	문을 닫다
期间	qījiān	기간
勿	wù	~하지 마라
打扰	dǎrǎo	번거롭게 하다
合作	hézuò	협력

 작 문

最近各方面的交流合作日趋兴旺。

최근 각 분야의 교류와 협력이 날이 갈수록 왕성해지고 있다.

[Zuìjìn gè fāngmiàn de jiāoliú hézuò rìqū xīngwàng.]

- **광고지문:** 初中生如何有效提升 考试技能

    [chūzhōngshēng rúhé yǒuxiào tíshēng kǎoshì jìnéng.]

- **해석:** 초, 중학생은 어떻게 효과적으로 높이나 - 시험기능

- **단어설명**

初中生	chūzhōngshēng	초, 중학교 학생
如何	rúhé	어떻게
有效	yǒuxiào	효과가 있다
提升	tíshēng	높이다
考试	kǎoshì	시험
技能	jìnéng	기능

 작문

你们参加过汉语水平考试吗?

너희는 한어수평고시(HSK)에 참가한 적이 있니?

[Nǐmen cānjiā guò Hànyǔ shuǐpíng kǎoshì ma?]

- **광고지문**: 从北京四中到北大清华

  [cóng Běijīngsìzhōng dào běidà qīnghuá.]
- **해석**: 북경4중에서 북경대청화대까지
- **단어설명**

从	cóng	~로 부터
北京四中	Běijīngsìzhōng	북경4중
到	dào	~에 이르다
北大	běidà	베이징대학교
清华	qīnghuá	청화대학교

 작문

他从哪儿来的?
그는 어디에서 왔니?
[Tā cóng nǎr lái de?]

- **광고지문**: 静 [jing]
- **해석**: 정숙
- **단어설명**

| 静 | jing | 정숙 |

 작 문

请大家静一静，听我说两句。

여러분 조용히 하고 제가 하는 말을 들어보세요.

[Qǐng dàjiā jìng yī jìng, tīng wǒ shuō liǎng jù.]

- 광고지문: 图书馆 [túshūguǎn]
- 해석: 도서관
- 단어설명

图书	túshū	도서
图书馆	túshūguǎn	도서관

 작문

我正在图书馆里看书。
나는 지금 도서관에서 책을 보고 있다.
[Wǒ zhèngzài túshūguǎn lǐ kàn shū.]

- **광고지문:** 北京大学 [Běijīngdàxué]
- **해석:** 베이징대학교
- **단어설명**

北京	Běijīng	베이징
大学	dàxué	대학교

 작 문

他正在北京大学就读。
그는 지금 베이징대학교에서 공부하고 있다.
[Tā zhèngzài Běijīng dàxué jiùdú.]

- **광고지문:** 书店 图书音像 [shūdiàn túshū yīnxiàng]
- **해석:** 서점 도서 음향
- **단어설명**

书店	shūdiàn	서점
图书	túshū	도서
音像	yīnxiàng	음향

 작문

新华书店在哪儿?

신화서점은 어디에 있습니까?

[Xīnhuá shūdiàn zài nǎr?]

- **광고지문:**

  孩子一生的命运其实就掌握在你的手中 你会教孩子吗？优秀是教出来的。

  [háizǐ yīshēng de mìngyùn qíshí jiù zhǎngwò zài nǐ de shǒu zhōng nǐ huì jiāo háizǐ ma？yōuxiù shì jiāo chū lái de]

- **해석:**

  아이 일생의 운명은 사실 당신의 손에 달려있다. 당신은 아이를 가르칠 수 있나? 우수함은 가르침에서 나오는 것이다.

- **단어설명**

孩子	háizi	아이
一生	yīshēng	일생
命运	mìngi yùn	운명
其实	qíshí	사실
就	jiù	바로
掌握	zhǎngwò	장악하다
手中	shǒuzhōng	수중

优秀	yōuxiù	우수하다
出来	chūlái	나오다

 작문

他是一个成绩优秀的学生。

그는 성적이 뛰어난 학생이다.

[Tā shì yī gè chéngjì yōuxiù de xuéshēng.]

- **광고지문:** 妇女也能当英雄 [fùnǚ yě néng dāng yīngxióng]
- **해석:** 여성도 영웅이 될 수 있다.
- **단어설명**

妇女	fùnǚ	여자
也	yě	~도

能	néng	~할 수 있다
当	dāng	~이 되다
英雄	yīngxióng	영웅

 작 문

他是我国的民族英雄。

그는 우리나라의 민족 영웅이다

[Tā shì wǒ guó de mínzú yīngxióng.]

■ 관련광고

- **광고지문**: 别笑！我是英语会话书

  [bié xiào! wǒ shì yīngyǔ huìhuà shū]
- **해석**: 웃지마! 나 영어 회화책이야!
- **단어설명**

别	bié	~하지 마라
笑	xiào	웃다
英语	yīngyǔ	영어
会话书	huìhuà shū	회화책

 작문

你可千万别笑他。

너 절대 그를 비웃지 마.

[Nǐ kě qiānwàn bié xiào tā.]

- **광고지문**: 大学年代 英语咖啡 哈佛店

  [dàxué niándài yīngyǔ kāfēi hāfó diàn]

- **해석**: 대학시대 영어커피숍 하버드점

- **단어설명**

大学	dàxué	대학교
年代	niándài	시대
英语	yīngyǔ	영어
咖啡	kāfēi	커피
哈佛	hāfó	하버드
店	diàn	가게

 작문

咖啡是她最喜欢的饮料。

커피는 그녀가 가장 좋아하는 음료다.

[Kāfēi shì tā zuì xǐhuan de yǐnliào.]

- **광고지문:** 乐器城 舞蹈 美术 小提琴

  [yuèqì chéng wǔdǎo měihù xiǎotíqín]
- **해석:** 악기상가 춤 미술 바이올린
- **단어설명**

乐器城	yuèqìchéng	악기점
舞蹈	wǔdǎo	춤
美术	měishù	미술
小提琴	xiǎotíqín	바이올린

 작문

他精通各种乐器。

그는 각종 악기에 정통하다.

[Tā jīngtōng gèzhǒng yuèqì.]

- **광고지문**: 远程教育中心 [yuǎnchéng jiāoyù zhōngxīn]
- **해석**: 원격교육센터
- **단어설명**

远程	yuǎnchéng	원격
教育	jiāoyù	교육
中心	zhōngxīn	센터

 작 문

我一定要把我儿子教育好。
나는 반드시 내 아들을 잘 가르칠 것이다.
[Wǒ yīdìng yào bǎ wǒ érzǐ jiāoyù hǎo.]

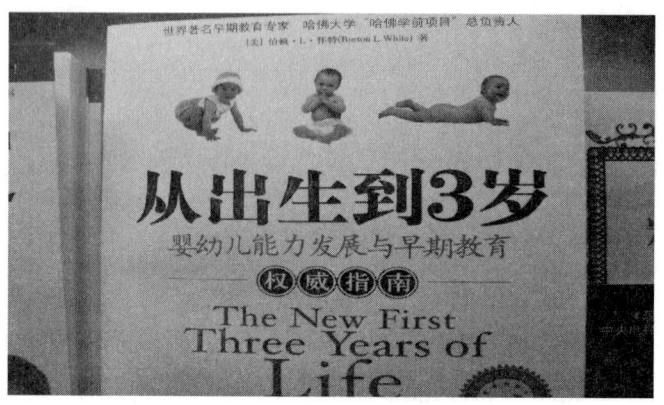

- **광고지문**: 从出生到3岁 婴幼儿能力发展与早期教育 权威指南。
  [cóng chūshēng dào 3 suì yīngyòuér nénglì fāzhǎn yǔ zǎoqī jiāoyù quánwēi zhǐnán]
- **해석**: 출생에서 3살까지 영유아 능력 발전과 조기교육
- **단어설명**

出生	chūshēng	출생
婴幼儿	yīngyòuér	영유아
能力	nénglì	능력
发展	fāzhǎn	발전
与	yǔ	~와
早期	zǎoqī	조기
教育	jiāoyù	교육
权威	quánwēi	권위
指南	zhǐnán	안내

 작문

现在的父母都很重视孩子的早期教育。
지금의 부모들은 모두 아이의 조기교육을 매우 중시한다.
[Xiànzài de fùmǔ dōu hěn zhòngshì háizǐ de zǎoqī jiàoyù.]

- **광고지문**: 北京市北海幼儿园 [Běijīngshì běihǎi yòuéryuán]
- **해석**: 베이징 베이하이 유치원
- **단어설명**

北京市	Běijīngshì	베이징시
北海	běihǎi	베이하이
幼儿园	yòuéryuán	유치원

 작문

幼儿园什么时候招生?
유치원은 언제 원생을 모집합니까?
[Yòuéryuán shénme shíhòu zhāoshēng?]

- **광고지문**: 2008 别了我的大学 [bié le wǒ de dàxué]
- **해석**: 2008 대학을 졸업하다
- **단어설명**

| 别了 | bié le | 졸업하다 |
| 大学 | dàxué | 대학교 |

 작문

大学是培养人才的地方。

대학은 인재를 양성하는 곳이다.

[Dàxué shì péiyǎng réncái de dìfāng.]

- **광고지문:** 地球村学校 [dìqiúcūn xuéxiào]
- **해석:** 띠치우춘 학교
- **단어설명**

地球	dìqiú	지구
村	cūn	촌, 마을
学校	xuéxiào	학교

 작 문

他是我们学校的毕业生。

그는 우리학교의 졸업생이다.

[Tā shì wǒmen xuéxiào de bìyèshēng.]

- **광고지문**: 京都职业技能培训学校

  [jīngdū zhíyè jìnéng péixùn xuéxiào]

- **해석**: 징뚜 직업기능훈련학교

- **단어설명**

京都	jīngdū	징뚜
职业	zhíyè	직업
技能	jìnéng	기능
培训	péixùn	훈련
学校	xuéxiào	학교

 작 문

他是一名职业军人。
그는 직업군인이다.
[Tā shì yī míng zhíyè jūnrén.]

- 광고지문: 钢琴教学 [gāngqín jiāoxué]
- 해석: 피아노교습
- 단어설명

| 钢琴 | gāngqín | 피아노 |
| 教学 | jiāoxué | 교육 |

 작문

他是著名的钢琴演奏家。

그는 유명한 피아노 연주가이다.

[Tā shì zhùmíng de gāngqín yǎnzòujiā.]

2) 공익

- **광고지문:** 爱护花草 足下留青 [àihù huācǎo zú xià liú qīng]
- **해석:** 화초를 아끼고 보호하고 발아래 푸르름을 남기자
- **단어설명**

爱护	àihù	보호하다
花草	huācǎo	화초
足下	zúxià	발아래
留青	liúqīng	푸르름을 남기다

 작문

他非常爱护人才。
그는 인재를 매우 아낀다.
[Tā fēi cháng ài hù rén cái.]

- **광고지문**: 请节约用水 [qǐng jiéyuē yòngshuǐ]
- **해석**: 물을 아껴 쓰세요.
- **단어설명**

| 节约 | jiéyuē | 절약하다 |
| 用水 | yòngshuǐ | 용수 |

 작문

她日常生活比较节约。

그녀의 일상생활은 비교적 검소하다.

[Tā rìcháng shēnghuó bǐjiào jiéyuē.]

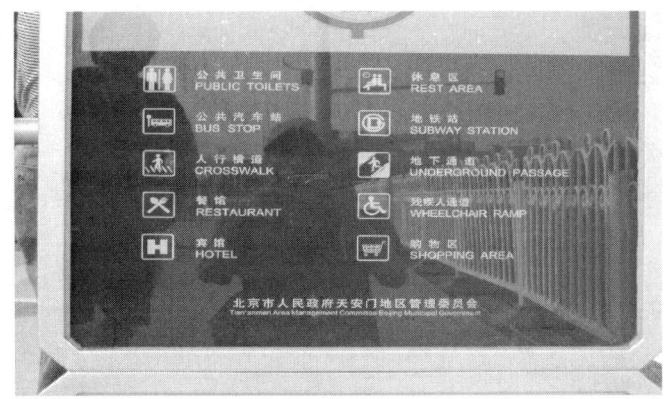

- **광고지문:**

  公共卫生间、公共汽车站、人行横道、餐馆、宾馆、休息区、地铁站、地下通道、残疾人通道、购物区

  [gōnggòng, wèishēngjiān, gōnggòngqìchēzhàn, rénxínghéngdào, cānguǎn, bīnguǎn, xiūxīqū, dìtiězhàn, dìxiàtōngdào, cánjírén, tōngdào, gòuwùqū]

- **해석:**

  공중화장실, 버스정거장, 횡단보도, 식당, 호텔, 휴식처, 지하철역, 지하통로, 장애인통로, 물건구입처

- **단어설명**

公共	gōnggòng	공공
卫生间	wèishēngjiān	화장실
公共汽车站	gōnggòngqìchēzhàn	버스정거장
人行横道	rénxínghéngdào	횡단보도
餐馆	cānguǎn	식당
宾馆	bīnguǎn	호텔

休息区	xiūxīqū	휴식처
地铁站	dìtiězhàn	지하철역
地下通道	dìxiàtōngdào	지하통로
残疾人通道	cánjírén tōngdào	장애인통로
购物区	gòu wù qū	물건구입처

 작 문

我们要爱护公共财产。

우리는 공공재산을 아끼고 보호해야 한다.

[Wǒ men yào àihù gōnggòng cáichǎn.]

- **광고지문**: 为了行车安全，请勿打扰司机

  [wèi le xíngchē ānquán, qǐng wù dǎrǎo sījī]
- **해석**: 운행안전을 위해 기사를 번거롭게 하지마세요.
- **단어설명**

为了	wèi le	~을 위하여
行车	xíngchē	운행
安全	ānquán	안전
勿	wù	~하지 마라
打扰	dǎrǎo	번거롭게 하다
司机	sījī	기사

 작 문

大家注意交通安全。
여러분 교통안전에 주의하세요.
[Dàjiā zhùyì jiāotōng ānquán.]

- **광고지문:** 前方学校 关心孩子 从起步开始

  [qiánfāng xuéxiào guānxīn háizǐ cóng qǐbù kāishǐ]

- **해석:** 전방에 학교 아이들에 대한 관심은 첫걸음부터 시작한다.

- **단어설명**

前方	qiánfāng	전방
学校	xuéxiào	학교
关心	guānxīn	관심
孩子	háizǐ	아이
从	cóng	~로 부터
起步	qǐbù	첫걸음
开始	kāishǐ	시작하다

 작문

谢谢您的关心照顾。

당신의 관심과 보살핌에 감사드립니다.

[Xièxiè nín de guānxīn zhàogù.]

- **광고지문:** 公共卫生间 [gōnggòng wèishēngjiān]
- **해석:** 공중화장실
- **단어설명**

| 公共 | gōnggòng | 공공 |
| 卫生间 | wèishēngjiān | 화장실 |

 작문

她家卫生间的设备都是名牌的。

그의 집 화장실 시설은 모두 유명브랜드 제품이다.

[Tā jiā wèishēngjiān de shè bèi dōu shì míng pái de.]

- **광고지문:** 请勿扶手 [qǐng wù fúshǒu]
- **해석:** 손을 대지 마세요.
- **단어설명**

勿	wù	~하지 마라
扶手	fúshǒu	손을 기대다

 작문

请勿吸烟。

담배를 피우지 마시오.

[Qǐng wù xīyān.]

- **광고지문:** 安全检查 请您接受安检

  [ānquán jiǎnchá qǐng nín jiēshòu ānjiǎn]
- **해석:** 안전검사 안전검사를 받으세요.
- **단어설명**

安全	ānquán	안전
检查	jiǎnchá	검사
接受	jiēshòu	받다

 작 문

我打算明天去医院再做一下全面检查。
나는 내일 병원에 가서 다시 전체적인 검사를 할 계획이다.
[Wǒ dǎsuàn míngtiān qù yīyuàn zài zuò yī xià quánmiàn jiǎnchá.]

- **광고지문:** 请勿挤靠车门 [qǐng wù jǐkào chēmén]
- **해석:** 차문에 기대지 마세요.
- **단어설명**

挤靠	jǐkào	기대다
车门	chēmén	차문

 작문

百货店里挤满了人。

백화점 안이 사람으로 가득 찼다.

[Bǎihuòdiàn lǐ jǐ mǎn le rén.]

- **광고지문:** 以免发生危险 [yǐmiǎn fāshēng wēixiǎn]
- **해석:** 위험발생 행위금지
- **단어설명**

以免	yǐmiǎn	~면하다
发生	fāshēng	발생하다
危险	wēixiǎn	위험

 작 문

酒后开车真危险!
술을 마신 후, 운전을 하는 것은 정말 위험하다!
[Jiǔ hòu kāi chē zhēn wēi xiǎn!]

- 광고지문: 从现在做起, 从我做起不乘坐无证运营摩的

  [cóng xiànzài zuòqǐ, cóng wǒ zuòqǐ, bù chéngzuò wú zhèng yùnyíng módi]

- 해석: 지금부터, 나부터 시작해서 오토바이를 타지 않는다.
- 단어설명

从	cóng	~로 부터
现在	xiànzài	현재
做起	zuòqǐ	시작하다
乘坐	chéngzuò	타다
无证	wúzhèng	무면허증
运营	yùnyíng	운전하다
摩的	módi	오토바이

 작문

65岁以上的老年人可以免费乘坐公交车。
65세 이상의 노인들은 버스를 공짜로 탈 수 있다.
[65 suì yǐ shàng de lǎo nián rén kě yǐ miǎn fèi chéng zuò gōng jiāo chē.]

- **광고지문**: 人行便道禁止停放各种车辆 请您自觉维护公共秩序
  [rénxíngbiàndào jìnzhǐ tíngfàng gèzhǒng chēliàng qǐng nín zìjué wéihù gōnggòng zhìxù]
- **해석**: 인도에 각종 차량주차 금지 스스로 공공질서를 지켜주세요.

■ 단어설명

人行便道	rénxíngbiàndào	인도
禁止	jìnzhǐ	금지
停放	tíngfàng	주차하다
各种	gèzhǒng	각종
车辆	chēliàng	차량
自觉	zìjué	스스로 느끼다
维护	wéihù	보호하다
公共	gōnggòng	공공
秩序	zhìxù	질서

 작 문

室内禁止抽烟。

실내에서 흡연하는 것을 금합니다.

[Shìnèi jìnzhǐ chōuyān.]

- **광고지문**: 注意 交通安全 [zhùyì jiāotōng ānquán]
- **해석**: 주의 교통안전
- **단어설명**

注意	zhùyì	주의
交通	jiāotōng	교통
安全	ānquán	안전

 작문

从北京到天津的交通工具很多。

베이징에서 톈진까지의 교통수단은 매우 많다.

[Cóng Běijīng dào Tiānjīn de jiāotōng gōngjù hěn duō.]

- **광고지문:** 遵守交通法 安全你我他

  [zūnshǒu jiāotōngfǎ ānquán nǐ wǒ tā]

- **해석:** 교통법을 준수하면 모두가 안전하다

- **단어설명**

遵守	zūnshǒu	준수하다
交通法	jiāotōngfǎ	교통법
安全	ānquán	안전

 작문

我们要遵守交通规则。

우리는 교통 규칙을 준수해야 한다.

[Wǒ men yào zūnshǒu jiāotōng guīzé.]

- **광고지문:** 请排队候车 文明刷卡 顺序下车 清洁城市 人人有责
  [qǐng páiduì hòuchē wénmíng shuākǎ shùnxù xiàchē qīngjié chéngshì rénrén yǒuzé]

- **해석:**

줄을 서서 타고 카드를 긁고 순서대로 하차하세요. 도시청결은 모두의 책임입니다

- **단어설명**

排队	páiduì	줄을 서다
候车	hòuchē	차를 기다리다
文明	wénmíng	문명
刷卡	shuākǎ	카드를 긁다
顺序	shùnxù	순서
下车	xiàchē	하차
清洁	qīngjié	청결
城市	chéngshì	도시
人人	rénrén	사람마다
有责	yǒuzé	책임이 있다

작문

刷卡也行。

카드를 긁어도 됩니다.

[Shuā kǎ yě xíng.]

- **광고지문**: 谢谢您把交通法规放在心上

  [xièxiè nín bǎ jiāotōng fǎguī fàng zài xīn shàng]
- **해석**: 교통법규를 마음속에 두어서 감사합니다.
- **단어설명**

交通	jiāotōng	교통
法规	fǎguī	법규
放	fàng	놓다
心上	xīnshàng	마음에

 작 문

经营者应该按照法规办事。

경영자는 반드시 법규에 따라 일을 처리해야 한다.

[Jīngyíngzhě yīnggāi ànzhào fǎguī bànshì.]

- **광고지문:** 行人过街请走人行横道

  [xíngrén guò jiē qǐng zǒu rénxínghéngdào]

- **해석:** 행인이 길을 건너려면 횡단보도로 건너세요.

- **단어설명**

行人	xíngrén	행인
过街	guòjiē	길을 건너다
人行横道	rénxínghéngdào	횡단보도

 작 문

路上来往的行人太多了。

길에 오가는 행인이 너무 많다.

[Lùshàng láiwǎng de xíngrén tài duō le.]

- 광고지문: 幸福 就向身边的风景 最容易看见 也最容易被忽视。

[xìngfú jiù xiàng shēnbiān de fēngjǐng zuì róngyì kànjiàn yě zuì róngyì bèi hūshì]

- 해석:

행복은 바로 주변의 모습이다. 가장 쉽게 볼 수 있고 가장 소홀히 하기 쉽다.

■ 단어설명

幸福	xìngfú	행복
就	jiù	바로
向	xiàng	~향하여
身边	shēnbiān	신변(곁)
风景	fēngjǐng	풍경
最	zuì	최고
容易	róngyì	쉽다
看见	kànjiàn	보다
被	bèi	~당하다
忽视	hūshì	소홀히 하다

작 문

你们为什么感到不幸福?
당신들은 왜 행복하지 않다고 느낍니까?
[Nǐ men wèishénme gǎndào bù xìngfú?]

简单的生活很幸福。
단순한 생활이 행복하다!
[Jiǎndān de shēnghuó hěn xìngfú!]

- **광고지문**: 水深危险 请勿捕鱼, 游泳, 滑冰

  [shuǐshēn wēixiǎn qǐng wù bǔyú, yóuyǒng, huábīng]

- **해석**:

  물이 깊어 위험하니 고기를 잡거나 수영하거나 스케이트를 타지마세요

- **단어설명**

水	shuǐ	물
深	shēn	깊다
危险	wēixiǎn	위험하다
捕鱼	bǔyú	고기를 잡다
游泳	yóuyǒng	수영
滑冰	huábīng	스케이트를 타다

작 문

我最喜欢的运动是足球。
내가 가장 좋아하는 운동은 축구이다.
[Wǒ zuì xǐhuan de yùndòng shì zúqiú.]

- **광고지문:** 人人东道主 建设新北京

  [rénrén dōngdàozhǔ jiànshè xīn běijīng]

- **해석:** 모두가 주인의식을 갖고 새로운 베이징을 건설하자.

- **단어설명**

人人	rénrén	사람마다
东道主	dōngdàozhǔ	주인의식을 갖다
建设	jiànshè	건설하다

新	xīn	새롭다
新北京	Běijīng	새로운 베이징

 작 문

2008年奥运会的东道主是中国。
2008년 올림픽의 주최국은 중국이다.
[2008 nián ào yùn huì de dōng dào zhǔ shì zhōng guó.]

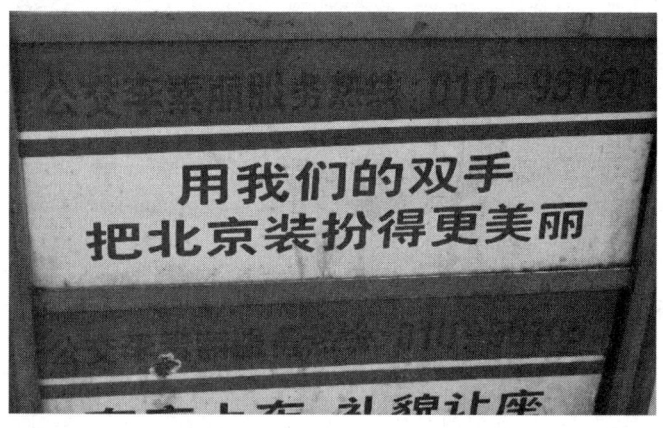

- 광고지문: 用我们的双手把北京装扮得更美丽。

[yòng wǒ men de shuāngshǒu bǎ Běijīngzhuāngbàn dé gèng měilì]

■ **해석**: 우리의 두 손으로 북경을 더욱 아름답게 만들자

■ **단어설명**

用	yòng	~사용하다
双手	shuāngshǒu	두 손
把	bǎ	~을, ~를
装扮	zhuāngbàn	화장하다
得	de	구조조사
更	gèng	더, 더욱
美丽	měilì	아름답다

작 문

黄山的自然风光非常美丽。

황산의 자연 경치는 매우 아름답다.

[Huángshān de zìrán fēngguāng fēicháng měilì.]

- **광고지문:** 请勿坐靠
- **해석:** 앉거나 기대지 마세요.
- **단어설명**

勿	wù	~하지 마라
坐靠	zuòkào	기대앉다, 앉거나 기대다

 작문

做什么事都要靠自己!
무슨 일을 하든 자신에게 의지해야 한다!
[Zuò shénme shì dōu yào kào zìjǐ!]

- **광고지문:** 发现销售非法出版物盗版图书，音像制品 请拨打：12318 [fāxiàn xiāoshòu fēifǎ chūbǎnwù dàobǎn túshū, yīnxiàng zhìpǐn qǐng bōdǎ]

- **해석:**

불법 출판물이나 도서, 음향제품을 판매하는 것을 발견하면 12318로 전화하세요.

- **단어설명**

发现	fāxiàn	발견하다
销售	xiāoshòu	팔다
非法	fēifǎ	불법
出版物	chūbǎnwù	출판물
盗版	dàobǎn	해적판
图书	túshū	도서
音像	yīnxiàng	음향
制品	zhìpǐn	제품
拨打	bōdǎ	걸다

软件盗版行为是非法的。

소프트웨어를 불법 복제하는 행위는 불법이다.

[Ruǎnjiàn dàobǎn xíngwèi shì fēifǎ de.]

- **광고지문:** 公交民警在您身边 报警电话110

 [gōngjiāo mínjǐng zài nín shēnbiān bàojǐng diànhuà110]
- **해석:** 경찰이 당신 곁에 있습니다.
- **단어설명**

公交	gōngjiāo	공공
民警	mínjǐng	민경
身边	shēnbiān	곁

| 报警 | bàojǐng | 신고하다 |
| 电话 | diànhuà | 전화 |

 작 문

肯定已经有人报过警了。
틀림없이 누군가가 이미 위급 상황을 알렸을 것이다.
[Kěndìng yǐjīng yǒu rén bào guò jǐng le.]

- **광고지문**: 禁止倒垃圾 [jìnzhǐ dǎo lājī]
- **해석**: 쓰레기 투척 금지

■ 단어설명

禁止	jìnzhǐ	금지
倒	dǎo	버리다
垃圾	lājī	쓰레기

 작 문

这是装垃圾的袋子。
이것은 쓰레기를 담는 자루다.
[Zhè shì zhuāng lājī de dàizǐ.]

- 광고지문: 注意安全 小心磕碰 [zhùyì ānquán xiǎoxīn kēpèng]
- 해석: 안전에 주의 부딪치지 않게 조심하시오.

■ 단어설명

注意	zhùyì	주의하다
安全	ānquán	안전
小心	xiǎoxīn	조심하다
磕碰	kēpèng	부딪치다

过马路时一定要小心汽车。
길을 건널 때는 반드시 차를 조심해야 한다.
[Guò mǎlù shí yī dìng yào xiǎoxīn qìchē.]

■ 광고지문: 必须戴安全帽 [bìxū dài ānquánmào]

- **해석**: 안전모 필수 착용

- **단어설명**

必须	bìxū	필히
戴	dài	쓰다
安全帽	ānquánmào	안전모

작문

这项链真好看, 你戴戴看。
이 목걸이 정말 예쁘다. 네가 한 번 걸어 봐.
[Zhè xiàngliàn zhēn hǎokàn, nǐ dài dài kàn.]

- **광고지문**: 电梯 [diàntī]

- **해석:** 엘리베이터

- **단어설명**

| 电梯 | diàntī | 엘리베이터 |

 작문

在电梯里打闹是很危险的。

엘리베이터 안에서 소란을 피우는 것은 매우 위험하다.

[Zài diàntī lǐ dǎnào shì hěn wēixiǎn de.]

3) 교통

- **광고지문:** 出租汽车站 [chūzūqìchēzhàn]
- **해석:** 택시정류장
- **단어설명**

| 出租汽车站 | chūzūqìchēzhàn | 택시정류장 |

 작문

咱们坐出租汽车去吧。
우리 택시를 타고 가자.
[Zán men zuò chūzū qìchē qù ba.]

- **광고지문:** 慢 车辆慢行 注意行人

    [màn chēliàng mànxíng zhùyì xíngrén]
- **해석:** 차량 서행 행인주의
- **단어설명**

慢	màn	느리다
车辆	chēliàng	차량
慢行	mànxíng	천천히 운행하다, 서행하다
注意	zhùyì	주의하다
行人	xíngrén	행인

 작 문

道路上车辆很多。

도로에 차량이 매우 많다

[Dàolù shàng chēliàng hěn duō.]

- **광고지문**: 使用无障碍设施 请走C口（东南口）

[shǐyòng wú zhàngài shèshī qǐng zǒu C kǒu(dōngnánkǒu)]

- **해석**: 가로막 없는 시설 사용하려면 C 입구로 가세요.

- **단어설명**

使用	shǐyòng	사용
无	wú	~하지 마라
障碍	zhàngài	장애
设施	shèshī	시설
东南口	dōngnánkǒu	동남쪽 입구

 작문

青岛是一座美丽、整洁的城市。

칭따오는 아름답고 깨끗한 도시이다.

[Qīngdǎo shì yī zuò měilì、zhěngjié de chéngshì.]

- **광고지문**: 南锣鼓巷 [nánluóguxiàng]
- **해석**: 난루오꾸시앙
- **단어설명**

| 南锣鼓巷 | nánluóguxiàng | 난루오꾸시앙 |

 작 문

我小时候，每天走着这条小巷去上学。
나는 어렸을 때, 매일 이 작은 골목을 걸어서 학교에 갔다.
[Wǒ xiǎo shíhòu, měitiān zǒu zhe zhè tiáo xiǎo xiàng qù shàngxué.]

- **광고지문:** 交通协管 [jiāotōng xiéguǎn]
- **해석:** 교통보조원
- **단어설명**

| 交通 | jiāotōng | 교통 |
| 协管 | xiéguǎn | 협조관리원 |

 작 문

首尔是交通网最发达的大城市之一。
서울은 교통망이 가장 발달한 대도시 중의 하나이다.
[Shǒuěr shì jiāotōng wǎng zuì fādá de dà chéngshì zhī yī.]

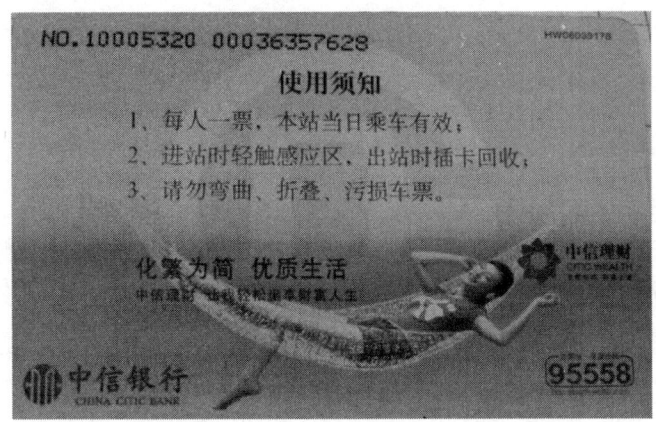

- **광고지문:** 使用须知 [shǐyòng xūzhī]

  1。每人一张，本站当日乘车有效

  2。进站时经触感应区，出站时插卡回收

  3。请勿弯曲，折叠，无损车票

  1. měirén yī zhāng, běn zhàn dāngrì chéngchē yǒuxiào

  2. jìnzhàn shí jīng chù gǎnyīngqū, chūzhàn shí chākǎ huíshōu.

  3. qǐng wù wānqǔ, zhédié, wúsǔn chēpiào.

- **해석:** 사용 시 알아야 할 것

  1. 한 사람당 한 장씩, 본 역에서는 당일 승차 유효.

  2. 역에 들어올 때는 감응장치를 통과하고, 나갈 때는 카드를 회수합니다.

  3. 차표를 구부리거나 접거나 훼손하지 마세요.

■ 단어설명

使用	shǐyòng	사용하다
须知	xūzhī	필히 알다
每人	měirén	매 사람
一张	yī zhāng	1장
本站	běnzhàn	본 역
当日	dāng rì	당일
乘车	chéngchē	승차하다
有效	yǒuxiào	유효하다
进站	jìnzhàn	역에 들어오다
时	shí	~ 때
经	jīng	~ 경유하다
触	chù	접촉하다
感应区	gǎnyīngqū	감응지역
出站	chùzhǎn	역을 나가다
插卡	chākǎ	카드를 삽입하다
回收	huíshōu	회수하다
弯曲	wānqū	구부러지다
折叠	zhédié	접다
无损	wúsǔn	손상되지 않게 하다
车票	chēpiào	차표

 작 문

这个方法不一定有效。
이 방법이 반드시 효과가 있는 것은 아니다.
[Zhè gè fāngfǎ bù yī dìng yǒu xiào.]

- **광고지문:** 市政交通一卡通 公交充值卡

  [shìzhèng jiāotōng yī kǎ tōng gōngjiāo chōngzhíkǎ]
- **해석:** 시정은 교통카드 하나로 통한다. 공공 충전카드
- **단어설명**

市政	shìzhèng	시정
交通	jiāotōng	교통
一卡	yī kǎ	1장의 카드
通	tōng	통하다
公交	gōngjiāo	공공
充值卡	chōngzhíkǎ	충전카드

작 문

交通卡哪儿可以充值?

교통카드는 어디에서 충전할 수 있나요?

[Jiāotōngkǎ nǎr kěyǐ chōngzhí?]

- **광고지문**: 售飞机票火车票 [shòu fēijīpiào huǒchēpiào]
- **해석**: 비행기표 기차표 판매
- **단어설명**

售	shòu	팔다
飞机	fēijī	비행기
票	piào	표
火车	huǒchē	기차

 작문

开往上海的火车什么时候出发啊?
상하이로 가는 기차는 언제 출발합니까?
[Kāiwǎng Shànghǎi de huǒchē shénme shíhòu chūfā a?]

- **광고지문:** 老幼病残孕专座 [lǎo yòu bìng cán yùn zhuānzuò]
- **해석:** 노약자 유아 환자 장애인 임산부 전용좌석
- **단어설명**

老幼病残孕	lǎo yòu bìng cán yùn	노약자 유아 환자 장애인 임산부
专座	zhuānzuò	전용좌석

작문

第一排座位留给来访的贵宾。
첫째 줄 좌석은 내방하는 귀빈의 자리로 남겨 두세요.
[Dì yī pái zuòwèi liú gěi láifǎng de guìbīn.]

嘿，你的东西丢了!
여봐요, 당신 물건 떨어졌수!
[Hēi, nǐ de dōngxi diū le!]

- **광고지문:**

学生公寓 学生食堂 校医院 教学楼 外国专家楼 北大门 图书馆 国际交流中心 南大门

[xuéshēng gōngyù xuéshēng shítáng xiào yīyuàn jiàoxuélóu wàiguó zhuānjiālóu běidàmén túshūguǎn guó jì jiāoliú zhōngxīn nándàmén]

- **해석:**

학생아파트 학생식당 학교병원 교학동 외국인전용건물 북쪽문 도서관 국제교류중심 남쪽문

- **단어설명**

学生	xuéshēng	학생
公寓	gōngyù	아파트
食堂	shítáng	식당
校医院	xiào yīyuàn	학교 병원
教学楼	jiàoxuélóu	교학동

外国专家楼	wàiguó zhuānjiālóu	외국(인) 전용동
北大门	běidàmén	북쪽 큰문
图书馆	túshūguǎn	도서관
国际交流中心	guójì jiāoliú zhōngxīn	국제교류센터
南大门	nándàmén	남쪽 큰문

작문

北京是我国政治、经济、文化的中心。
베이징은 우리나라의 정치, 경제, 문화의 중심지다.
[Běijīng shì wǒ guó zhèngzhì、jīngjì、wénhuà de zhōngxīn.]

- **광고지문:** 车位已满 [chēwèi yǐ mǎn]
- **해석:** 만차

■ 단어설명

车位	chēwèi mǎn	주차 자리
已	yǐ	이미
满	mǎn	다 차다

 작 문

时间已过去一个半小时。

시간은 이미 1시간 반이 흘렀다.

[Shíjiān yǐ guò qù yī gè bàn xiǎoshí.]

■ 광고지문: 售票厅 [shòupiàotīng]
■ 해석: 매표소

■ 단어설명

| 售票厅 | shòupiàotīng | 매표소 |

 작문

这个商店还代售邮票和电话卡。
이 상점에서는 우표와 전화카드를 위탁 판매한다.
[Zhè gè shāngdiàn hái dàishòu yóupiào hé diànhuàkǎ.]

■ 광고지문: 物美免费停车一小时的使用说明

凡当日来店购物的顾客，凭当日销售小票到物美服务中心领取免费停车壹小时的优惠券一张，壹小时以外按停车场收费标准计费。使用说明；优惠券当日有效

[wùměi miǎnfèi tíngchē yī xiǎoshí de shǐyòng shuōmíng
fán dāngrì lái diàn gòuwù de gùkè, píng dāngrì xiāoshòu
xiǎopiào dào wùměi fúwù zhōngxīn lǐngqǔ miǎn fèi tíngchē
yī xiǎoshí de yōuhuìquàn yī zhāng, yī xiǎoshí yǐwài àn
tíngchēchǎng shōufèi biāozhǔn jìfèi。
shǐyòng shuōmíng; yōuhuìquàn dāngrì yǒuxiào]

- **해석:** 무료주차 1시간 사용설명

  일반적으로 당일 물건을 사는 고객은 당일 판매한 표를 가지고 서비스센터에 와서 1시간 무료 주차 우대권 1장을 받으세요. 1시간 이외는 주차장 표준 요금에 의거 계산합니다.

  사용설명; 우대권은 당일 유효합니다.

- **단어설명**

物美	wùměi	우미(쇼핑센터이름)
免费	miǎnfèi	무료
停车	tíngchē	주차
一小时	yī xiǎoshí	1시간
使用	shǐyòng	사용
说明	shuōmíng	설명
凡	fán	무릇
当日	dāngrì	당일
来	lái	오다
店	diàn	가게
购物	gòuwù	물건을 사다
顾客	gùkè	고객
凭	píng	~의하다
销售	xiāoshòu	판매하다

小票	xiǎopiào	표
到	dào	~에 이르다
服务	fúwù	서비스
中心	zhōngxīn	센터
领取	lǐngqǔ	찾다
壹小时	yī xiǎoshí	1시간
优惠券	yōuhuìquàn	우대권
一张	yī zhāng	1장
以外	yǐwài	이외
按	àn	~따라
停车场	tíngchēchǎng	주차장
收费	shōufèi	유료
标准	biāozhǔn	표준
计费	jìfèi	계산하다
有效	yǒuxiào	유효하다

 작문

残疾人可以免费乘坐公交车。

장애인은 공짜로 버스를 탈 수 있다.

[Cánjírén kěyǐ miǎnfèi chéng zuò gōngjiāochē.]

- **광고지문**: 无人售票 [wúrén shòupiào]
- **해석**: 무인 매표
- **단어설명**

无人	wúrén	무인
售票	shòupiào	표를 팔다

 작문

目中无人 mù zhōng wú rén
[성어] 안하무인(眼下无人)이다.
[mù zhōng wú rén.]

- **광고지문**: 分段计价1元起价 [fēnduàn jìjià 1 yuán qǐ jià]
- **해석**: 구간별 운임 계산·기본 운임 위안
- **단어설명**

分段	fēnduàn	거리마다 나눠 1원에서 계산
计价	jìjià	가격을 계산하다
1元	1 yuán	1원
起价	qǐjià	가격을 시작하다

 작 문

这个牌子的汽车都是20万起价的。
이 브랜드 자동차들은 20만 위안부터 시작한다.
[Zhè ge páizǐ de qìchē dōu shì 20 wàn qǐ jià de.]

- **광고지문:** 公共汽车站 [gōnggòngqìchēzhàn]
- **해석:** 버스정류장
- **단어설명**

| 公共汽车站 | gōnggòngqìchēzhà | 버스정류장 |

 작문

我上下班都坐公共汽车。
나는 출퇴근할 때 버스를 탄다.
[Wǒ shàng xià bān dōu zuò gōnggòng qìchē.]

- **광고지문:** 交通提示 ; 违例停车拖走

  [jiāotōng tíshì ; wéilì tíngchē tuōzǒu]

- **해석:** 교통 알림 ; 주차 위반 견인

- **단어설명**

交通	jiāotōng	교통
提示	tíshì	고지
违例	wéilì	위법
停车	tíngchē	주차
拖走	tuōzǒu	끌어가다

 **작 문**

我一再提示, 他还是没能说出正确答案。

내가 다시 힌트를 주었지만, 그는 여전히 정답을 말하지 못했다.

[Wǒ yī zài tíshì, tā háishì méi néng shuō chū zhèngquè dáàn.]

- **광고지문:** 和芳苑 美食会所 就餐免费停车

  [héfāngyuàn měishí huìsuǒ jiùcān miǎnfèi tíngchē]
- **해석:** 허팡위엔 미식회의 장소 식사하시면 주차무료
- **단어설명**

和芳苑	héfāngyuàn	허팡위엔
美食	měishí	미식
会所	huìsuǒ	회의
就餐	jiùcān	식사하다
免费	miǎnfèi	무료
停车	tíngchē	주차

 작 문

我们就在这家饭馆就餐吧。

우리 이 식당에서 밥 먹자.

[Wǒ men jiù zài zhè jiā fànguǎn jiùcān ba.]

- 광고지문: 宾馆 [bīnguǎn]
- 해석: 호텔
- 단어설명

| 宾馆 | bīnguǎn | 호텔 |

 작문

这家宾馆是最好的五星级宾馆。
이 호텔은 가장 좋은 오성급 호텔이다.
[Zhè jiā bīnguǎn shì zuì hǎo de wǔxīng jí bīnguǎn.]

- **광고지문**: 驾校 报名处 [jiàxiào bàomíngchù]
- **해석**: 운전학원 등록처
- **단어설명**

驾校	jiàxiào	운전학원
报名处	bàomíngchù	등록처

 작문

报名已经结束了。

신청은 이미 끝났다.

[Bàomíng yǐjīng jiéshù le.]

- **광고지문**: 收费 [shōufèi]
- **해석**: 유료
- **단어설명**

| 收费 | shōufèi | 유료 |

 작문

寄包裹怎么收费?
소포 보낼 때 요금은 어떻게 계산합니까?
[Jì bāoguǒ zěnme shōufèi?]

- **광고지문:** 收费停车 过往车辆 注意行人

  [shōufèi tíngchē guòwǎng chēliàng zhùyì xíngrén]
- **해석:** 유료주차 지나는 차량 행인조심
- **단어설명**

收费	shōufèi	유료
停车	tíngchē	주차
过往	guòwǎng	길을 지나다
车辆	chēliàng	차량
注意	zhùyì	주의
行人	xíngrén	행인

 작 문

车辆增加了不少.

차량이 많이 증가하였다.

[Chēliàng zēngjiā le bù shǎo.]

- **광고지문:** 自行车停放处 [zìxíngchē tíngfàng hù]
- **해석:** 자전거 보관소
- **단어설명**

自行车	zìxíngchē	자전거
停放处	tíngfàngchù	보관소

 작문

他的自行车被人偷走了。
그의 자전거는 도난당했다.
[Tā de zìxíngchē bèi rén tōu zǒu le.]

- **광고지문:** 残疾人专用车位 [cánjírén zhuānyòng chēwèi]
- **해석:** 장애인전용 주차구역
- **단어설명**

残疾人	cánjírén	장애인
专用	zhuānyòng	전용
车位	chēwèi	주차구역

 작 문

我们必须全心全意为残疾人服务。
우리는 반드시 성심성의껏 장애자를 위해 봉사해야 한다.
[Wǒ men bìxū quánxīn quányì wèi cánjírén fúwù.]

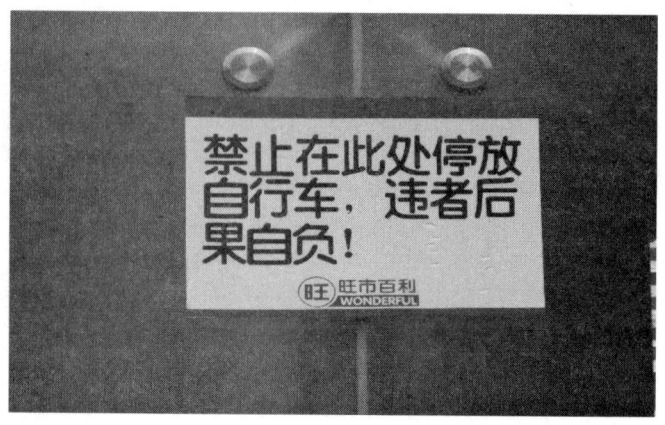

- **광고지문**: 禁止在此处停放自行车，违者后果自负！

[jìnzhǐ zài cǐchù tíngfàng zìxíngchē, wéizhě hòuguǒ zìfù]

- **해석**:

이곳에 자전거 주차 금지, 위반하는 사람은 결과는 스스로 책임지기바람!

- **단어설명**

禁止	jìnzhǐ	금지
在	zài	~에
此处	cǐchù	이곳
停放	tíngfàng	주차하다
自行车	zìxíngchē	자전거
违者	wéizhě	위반자
后果	hòuguǒ	뒷 감당
自负	zìfù	스스로 책임지다

 작문

后果不堪设想。

결과는 상상조차 할 수 없다.

[Hòuguǒ bù kān shè xiǎng.]

- 광고지문: 停车证 [tíngchēzhèng]
- 해석: 주차증
- 단어설명

| 停车 | tíngchē | 주차 |
| 停车证 | tíngchēzhèng | 주차증 |

 작문

这儿停车位已满, 请停在北边的停车场。

여기는 주차 공간이 만석이니 북쪽에 있는 주차장에다 세워 주십시오.

[Zhèr tíngchē wèi yǐ mǎn, qǐng tíng zài běibiān de tíngchēchǎng.]

■ 관련광고

- **광고지문:** 中关村E世界 地下停车场

  [zhōngguāncūn E shìjiè dìxià tíngchēchǎng]
- **해석:** 중관춘 E 세계 지하주차장
- **단어설명**

中关村	zhōngguāncūn	중관촌
世界	shìjiè	세계
地下	dìxià	지하
停车场	tíngchēchǎng	주차장

 작문

现在教育界呼叫 '建世界第一流大学'。

지금 교육계에서는 '세계 최고의 일류대학 건설'을 부르짖고 있다.

[Xiànzài jiāoyùjiè hūjiào 'jiàn shìjiè dì yī liú dàxué'.]

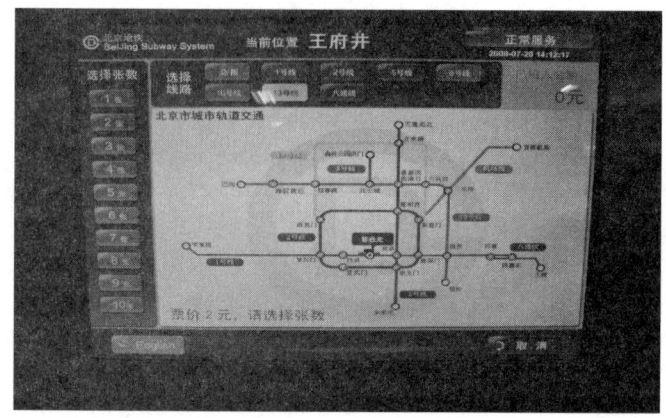

- **광고지문**: 北京市城市轨道交通 票价2元, 请选择张数

  [běijīngshì chéngshì guǐdào jiāotōng piàojià 2yuán, qǐng xuǎnzé zhāngshù]

- **해석**: 베이징 도시 궤도 교통표 값2원, 매표수를 선택하시오.
- **단어설명**

城市	chéngshì	도시
轨道	guǐdào	궤도
交通	jiāotōng	교통
票价	piàojià	표값
2元	2 yuán	2원
选择	xuǎnzé	선택
张数	zhāngshù	장수

■ 작문

城市人口越来越多。

도시 인구가 점점 많아진다.

[Chéngshì rénkǒu yuè lái yuè duō.]

- 광고지문: 自动售票机 正常服务模式

  [zìdòng shòupiàojī zhèngcháng fúwù móshì]

- 해석: 자동판매기 정상 서비스 모델

- 단어설명

自动	zìdòng	자동
售票机	shòupiàojī	표 판매기
正常	zhèngcháng	정상

| 服务 | fúwù | 서비스 |
| 模式 | móshì | 모형, 모델 |

 작문

这家保险公司的服务很周到。
이 보험회사의 서비스는 매우 꼼꼼하다.
[Zhè jiā bǎoxiǎn gōngsī de fúwù hěn zhōudào.]

- 광고지문: 地铁出入口 [dìtiě chūrùkǒu]
- 해석: 지하철 출입구

■ 단어설명

地铁	dìtiě	지하철
出入口	chūrùkǒu	출입구

작문

韩国的地铁非常方便。

한국의 지하철은 매우 편리하다.

[Hánguó de dìtiě fēicháng fāngbiàn.]

- **광고지문**: 新车上路 内有杀手

  [xīnchē shànglù nèi yǒu shāshǒu]

- **해석**: 새차가 길을 나섰음 안에 킬러있음.

■ 단어설명

新车	xīnchē	새 차
上路	shànglù	길을 나서다
内	nèi	안
有	yǒu	있다
杀手	shāshǒu	킬러

 작문

你对新车满意吗?

새 차가 맘에 듭니까?

[Nǐ duì xīnchē mǎnyì ma?]

4) 예술

- **광고지문:** 中国绘画班2008结业创作展

  [Zhōngguó huìhuà ān2008 jiéyè chuàngzuòzhǎn]

- **해석:** 중국회화반 2008년 졸업창작전

- **단어설명**

中国	Zhōngguó	중국
绘画班	huìhuàbān	회화반
结业	jiéyè	졸업
创作展	chuàngzuòzhǎn	창작전

 작 문

舞蹈和绘画也是她的特长。
춤과 회화도 역시 그녀의 특기다.
[Wǔdǎo hé huìhuà yě shì tā de tècháng.]

- 광고지문: 798艺术空间 中国红

  [798 yìshù kōngjiān zhōn guó hóng]
- 해석: 798 예술공간 중국 최고의 인기
- 단어설명

798		베이징에 있는 예술 특구
艺术	yìshù	예술
空间	kōngjiān	공간
中国	Zhōngguó	중국
红	hóng	붉다. 인기가 있다

 작 문

他现在很红了。

그는 지금 매우 인기 있다.

[Tā xiànzài hěn hóng le.]

- **광고지문:** 什么是路?

  就是从没路的地方践踏出来的, 从只有荆的地方开辟出来的。

  [shénme shì lù？jiùshì cóng méi lù de dìfāng jiàntà chūlái de, cóng zhǐyǒu jīng de dìfāng kāipì chūlái de.]

- **해석:** 길이란 무엇인가?

  바로 길이 없는 곳에서 밟아 나온 것이고, 가시가 있는 곳에서 나온 것이다.

- **단어설명**

什么	shénme	무엇
是	shì	~이다
路	lù	길
就是	jiùshì	바로~이다
从	cóng	~로 부터
地方	dìfāng	곳
践踏	jiàntà	발을 밟다
出来	chūlái	나오다

只有	zhǐ yǒu	오직
荆	jīng	가시
开辟	kāipì	길을 내다

 작문

这个地方很美丽。
이곳은 매우 아름답다.
[zhè gè dìfāng hěn měilì.]

- **광고지문:** 景德镇陶瓷艺术馆 [jǐngdézhèn táocíyìshùguǎn]
- **해석:** 칭더쩐 도자 예술관

■ 단어설명

景德镇	jǐngdézhèn	경덕진
陶瓷	táocí	도자
艺术馆	yìshùguǎn	예술관

 작문

这是世界上独一无二的艺术作品。
이것은 세상에서 유일무이한 예술 작품이다.
[Zhè shì shìjiè shàng dú yī wú èr de yìshù zuòpǐn.]

- **광고지문:** 北京鲁迅博物馆 [Běijīnglǔxùn bówùguǎn]
- **해석:** 베이징 루쉰 박물관

■ 단어설명

| 鲁迅 | lǔxùn | 루쉰 |
| 博物馆 | bówùguǎn | 박물관 |

 작 문

上海有几个大博物馆。
상하이에는 큰 박물관이 몇 곳 있다.
[Shànghǎi yǒu jǐ gè dà bówùguǎn.]

■ 광고지문: 由此参观 [yóu cǐ cānguān]
■ 해석: 여기서부터 참관하세요.

■ 단어설명

由	yóu	~로 부터
此	cǐ	이, 여기
参观	cānguān	참관하다

 작 문

由去年开始到现在都没停过。

작년부터 지금까지 멈춘 적이 없다.

[Yóu qùnián kāishǐ dào xiànzài dōu méi tíng guò.]

■ 광고지문: 缘分 新媒体艺术空间

[yuánfēn xīn méitǐ yìshù kōngjiān]

■ 해석: 인연 신 매체 예술공간

■ 단어설명

缘分	yuánfēn	인연
新	xīn	새로운
媒体	méitǐ	매체
艺术	yìshù	예술
空间	kōng jiān	공간

 작문

缘分真的是天注定的吗?

인연은 정말 하늘이 정해 주는 건가요?

[Yuánfēn zhēn de shì tiān zhùdìng de ma?]

- **광고지문**: 舞台剧 跟我的前妻拍拖

    [wǔtáijù gēn wǒ de qiánqī pāituō]
- **해석**: 나의 전처와의 사랑
- **단어설명**

舞台剧	wǔtáijù	무대극
跟	gēn	~와, ~과
前妻	qiánqī	전처
拍拖	pāituō	사랑, 애정, 광동(广东) 사람들의 사랑에 대한 별칭.

 작문

这次舞台的布景做得相当出色。

이번 무대의 배경은 상당히 훌륭하게 만들었다.

[Zhè cì wǔtái de bùjǐng zuò dé xiāngdāng chūsè.]

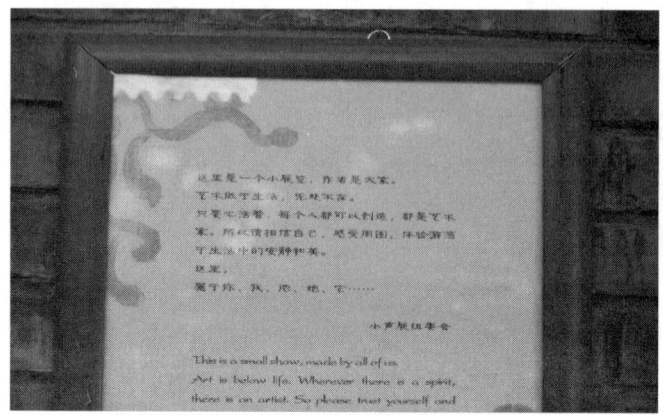

- **광고지문:**

这里是一个小展览，作家是大家。艺术低于生活，无处不在。只要心活着，每个人都可以创造，都是艺术家。所以请相信自己，感受周围，体验游汤于生活中的安静和美。

[zhè lǐ shì yī gè xiǎo zhǎnlǎn, zuòjiā shì dàjiā。yìshù dī yú shēnghuó, wú chù bù zài。zhǐyào xīn huó zhe, měi gè rén dōu kěyǐ chuàngzào, dōu shì yìshùjiā。suǒyǐ qǐng xiāngxìn zìjǐ, gǎn shòu zhōuwéi, tǐ yàn yóu tāng yú shēng huó zhōng de ān jìng hé měi。]

- **해석:**

이곳은 작은 전람회 장소이지만, 작가는 대가입니다. 예술은 생활보다 낮고 존재하지 않는 곳은 없습니다. 마음만 살아있다면 매 사람 모두 창조할 수 있고, 모두가 예술가입니다. 그러므로 자신을 믿고 주위를 느낄 수 있고, 생활 가운데의 조용함과 미를 체험할 수 있습니다.

■ 단어설명

这里	zhè lǐ	이곳, 여기
小展览	xiǎo zhǎnlǎn	작은 전람회
作家	zuòjiā	작가
大家	dàjiā	여러분
艺术	yìshù	예술
低于	dī yú	~보다 낮다
生活	shēnghuó	생활
无处	wú chù	없다
不在	bù zài	존재하지 않다
只要	zhǐyào	오로지
心	xīn	마음
活着	huó zhe	살아있다
每个人	měi gè rén	매 사람
都	dōu	모두
可以	kěyǐ	~할 수 있다
创造	chuàngzào	창조
艺术家	yìshùjiā	예술가
所以	suǒyǐ	그래서
相信	xiāngxìn	믿다
自己	zìjǐ	자기
感受	gǎnshòu	느끼다
周围	zhōuwéi	주위
体验	tǐyàn	체험하다
游汤	yóutāng	수영장
于	yú	~에
安静	ānjìng	조용하다

 작 문

造纸术是中国人的创造。

종이 제작 기술은 중국인들의 발명 성과이다.

[Zàozhǐshù shì Zhōngguórén de chuàngzào.]

- **광고지문:** 艺术书店 [yìshù shūdiàn]
- **해석:** 예술서점
- **단어설명**

| 艺术 | yìshù | 예술 |
| 书店 | shūdiàn | 서점 |

 작문

我真的很想开个艺术书店。

나는 정말 예술서점을 하나 열고 싶다.

[Wǒ zhēn de hěn xiǎng kāi gè yìshù shūdiàn.]

- **광고지문:** 打开艺术之门 - 2008暑假艺术节

  [dǎkāi yìshù zhī mén - 2008 shǔjiǎ yìshùjié]

- **해석:** 예술의 문을 열다 - 2008 여름 예술제

- **단어설명**

打开	dǎkāi	열다
艺术	yìshù	예술
之	zhī	~의

门	mén	문
暑假	shǔjiǎ	여름휴가
艺术节	yì shù jié	예술제

 작 문

快把箱子打开。

빨리 상자를 열어라.

[Kuài bǎ xiāng zǐ dǎkāi.]

- **광고지문:** 古代 玉器 艺术精品展

  [gǔdài yùqì yìshù jīngpǐnzhǎn]

- **해석:** 고대 옥기 예술 정품전

■ 단어설명

古代	gǔdài	고대
玉器	yùqì	옥기
艺术	yìshù	예술
精品展	jīngpǐnzhǎn	중요 물품전

 작문

中国古代的历史十分悠久。

중국 고대의 역사는 매우 유구하다.

[Zhōngguó gǔdài de lìshǐ shífēn yōujiǔ.]

- **광고지문**: 陈列厅 [chénliètīng]
- **해석**: 진열실

- **단어설명**

| 陈列厅 | chénlièt īng | 진열실 |

 작문

国立博物馆里最近陈列了一批春秋战国时代的文物。
국립박물관에서 최근 춘추전국 시대의 문물을 전시하였다.
[Guólì bówùguǎn lǐ zuìjìn chénliè le yī pī Chūnqiū zhànguó shídài de wénwù.]

- **광고지문:** 山东 高密 剪纸 [shāndōng gāomì jiǎ zhǐ]
- **해석:** 산둥 까오미 전지

■ 단어설명

山东	shāndōng	산둥
高密	gāomì	까오미
剪纸	jiǎnzhǐ	전지

 작 문

剪纸是中国最为流行的民间艺术之一。
전지(剪纸)는 중국에서 가장 유행하는 민간 예술의 하나다.
[Jiǎnzhǐ shì Zhōngguó zuì wèi liúxíng de mínjiān yìshù zhī yī.]

- **광고지문:** 老北京剪纸 [lǎo Běijīngjiǎnzhǐ]
- **해석:** 옛 베이징 전지
- **단어설명**

老北京	lǎo Běijīng	옛 베이징
剪纸	jiǎnzhǐ	전지

 **작문**

这所是最老的学校。

이곳은 가장 오래된 학교다.

[Zhè suǒ shì zuì lǎo de xuéxiào.]

- **광고지문**: 画室 [huàshì]
- **해석**: 화실
- **단어설명**

| 画室 | huàshì | 화실 |

 작 문

你会画画儿吗?
당신은 그림을 그릴 줄 아시나요?
[Nǐ huì huà huàr ma?]

5) 체육

- **광고지문**: 跆拳道 [táiquándào]
- **해석**: 태권도
- **단어설명**

| 跆拳道 | táiquándào | 태권도 |

 작문

跆拳道是韩国的国术。
태권도는 한국의 국기이다.
[Táiquándào shì Hánguó de guóshù.]

- **광고지문:** UPS为北京奥运成功 无所不能

  [UPS wèi Běijīngàoyùn chénggōng wú suǒ bù néng]
- **해석:** UPS는 베이징올림픽 성공을 위해 하지 못할 것이 없다.
- **단어설명**

UPS		UPS
为	wèi	~위하여
北京奥运	Běijīngàoyùn	베이징 올림픽
成功	chénggōng	성공
无所不能	wú suǒ bù néng	할 수 없는 것이 없다

 작문

大家都希望为奥运贡献自己的力量。

사람들은 올림픽을 위해 자신의 역량을 헌신하기 바란다.

[Dàjiā dōu xīwàng wèi àoyùn gòngxiàn zìjǐ de lìliàng.]

- **광고지문:** 足棒球赛 [zú bàngqiú sài]
- **해석:** 족구
- **단어설명**

足球	zúqiú	축구
棒球	bàngqiú	야구
足棒球赛	zú bàngqiú sài	족구시합

 작문

他是个足球迷。

그는 축구광이다.

[Tā shì gè zúqiú mí.]

- **광고지문**: 羽毛球 台球 乒乓球馆

  [yǔmáoqiú táiqiú pīngpāngqiú guǎn]

- **해석**: 배드민턴 당구 탁구관

- **단어설명**

羽毛球	yǔmáoqiú	배드민턴
台球	táiqiú	당구
乒乓球馆	pīngpān qiú guǎn	탁구관

 작 문

听说他乒乓球打得不错。

듣자하니 그는 탁구를 잘 친다고 한다.

[Tīngshuō tā pīngpāngqiú dǎ dé bù cuò.]

- **광고지문:** 游泳场售票处 [yóuyǒngchǎng shòupiàochù]
- **해석:** 수영장 판매소
- **단어설명**

游泳场	yóuyǒngchǎng	수영장
售票处	shòupiàochù	매표소

 작문

我们今天一起去游泳吧。

우리 오늘 같이 수영하러 가자.

[Wǒ men jīntiān yīqǐ qù yóuyǒng ba.]

- 광고지문: 新街头 运动空间 大家一起来!

  [xīnjiētóu yùndòng kōn jiān dàjiā yīqǐ lái]

- 해석: 신지에토우 운동 공간 여러분 함께 합시다!

- 단어설명

新街头	xīnjiētóu	신지에토우
运动	yùndòng	운동
空间	kōngjiān	공간
大家	dàjiā	여러분
一起	yīqǐ	함께
来	lái	오다

 작문

你们喜欢什么运动?

너희는 어떤 운동을 좋아하니?

[Nǐ men xǐhuan shénme yùndòng?]

- 광고지문: 乒乓球 台球 健身房

   [pīngpāng qiú táiqiú jiànshēnfáng]
- 해석: 탁구 당구 헬쓰센터
- 단어설명

乒乓球	pīngpāngqiú	탁구
台球	táiqiú	당구
健身房	jiànshēnfáng	헬스센터

 작문

女人一般在健身房练什么?

여자들은 일반적으로 헬스클럽에서 무엇을 훈련하나요?

[Nǚrén yībān zài jiànshēnfáng liàn shénme?]

- **광고지문:** 健身中心 暑假优惠火热进行中

  [jiànshēn zhōn xīn shǔjià yōuhuì huǒrè jìnxíng zhōng]
- **해석:** 헬스센터 여름방학 우대 뜨겁게 진행 중
- **단어설명**

健身中心	jiànshēn zhōngxīn	헬스센터
暑假	shǔjià	여름방학
优惠	yōuhuì	우대
火热	huǒrè	열기가 뜨겁다
进行	jìnxíng	진행하다

 작문

他给了我们优惠的条件。

그는 우리에게 특혜 조건을 주었다.

[Tā gěi le wǒ men yōuhuì de tiáojiàn.]

- **광고지문:** 暑假游泳培训班报名开始了！

  [shǔjià yóuyǒng péixùnbān bàomíng kāishǐ le]

- **해석:** 여름방학 훈련반 등록이 시작되었습니다!

- **단어설명**

暑假	shǔjià	여름휴가
游泳	yóuyǒng	수영
培训班	péixùnbān	훈련반
报名	bàomíng	등록하다
开始	kāishǐ	시작하다

 작 문

这种人才培训起来很难。

이런 인재는 길러 내기 매우 어렵다.

[Zhè zhǒng réncái péixùn qǐ lái hěn nán.]

- **광고지문:** 活动指南 [huódòng zhǐnán]
- **해석:** 활동안내
- **단어설명**

活动	huódòng	활동
指南	zhǐnán	안내

 작 문

活动起来就不冷了。

운동을 하니 안 추워졌어.

[Huódòng qǐlái jiù bù lěng le.]

- **광고지문**: 北京奥运会城市志愿者服务站点

  [Běijīngàoyùnhuì chéngshì zhìyuànzhě fúwù zhàndiǎn]
- **해석**: 베이징 올림픽위원회 도시 자원봉사자 서비스장소
- **단어설명**

城市	chéngshì	도시
志愿者	zhìyuànzhě	자원봉사자
服务站点	fúwù zhàndiǎn	서비스센터

 작문

她曾经担任过奥运会的志愿者。

그녀는 일찍이 올림픽 자원 봉사자를 맡은 적이 있다.

[Tā céngjīng dānrèn guò àoyùnhuì de zhìyuànzhě.]

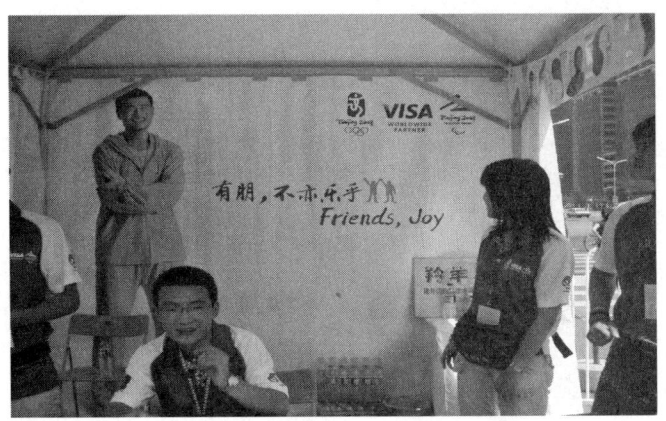

- **광고지문**: 有朋, 不亦乐乎 [yǒu péng, bù yì lèhū]
- **해석**: 친구가 있으니 어찌 즐겁지 않으랴
- **단어설명**

有朋	yǒu péng	친구가 있다
不	bù	~아니다
亦	yì	역시
乐乎	lèhū	즐겁다

 작문

他们的表演非常精彩, 游客们也玩得不亦乐乎。

그들의 공연이 매우 멋져서 여행객들도 대단히 신나게 놀았다.

[Tā men de biǎoyǎn fēicháng jīngcǎi, yóukè men yě wán dé bù yì lè hū.]

- 광고지문: 免费测量血压 免费打气

    [miǎnfèi cèliàng xiěyā miǎ fèi dǎqì]
- 해석: 무료혈압측정 무료 공기 주입
- 단어설명

免费	miǎnfèi	무료
测量	cèliàng	측정하다
血压	xuèyā	혈압
打气	dǎqì	공기를 넣다

 작 문

她的血压过高。

그녀의 혈압은 지나치게 높다.

[Tā de xuèyā guò gāo.]

- **광고지문**: 我们与世界心心相映

  [wǒ men yǔ shìjiè xīnxīn xiāngyìng]
- **해석**: 우리는 세계와 마음으로 통한다.
- **단어설명**

与	yǔ	~와, ~과
世界	shìjiè	세계
心心	xīnxīn	마음마다
相映	xiāngyìng	통하다

 작문

美国政府与韩国政府签订了自由贸易协定。
미국 정부는 한국 정부와 자유무역협정을 체결했다.
[Měiguó zhèngfǔ yǔ Hánguó zhèngfǔ qiāndìng le ziyóu màoyì xiédìng.]

- **광고지문**: 为中国加油 为奥运喝彩

  [wèi Zhōngguó jiāyóu wèi àoyùn hēcǎi]

- **해석**: 중국 위해 파이팅 올림픽위해 갈채를

- **단어설명**

为	wèi	~위해
中国	Zhōngguó	중국
加油	jiāyóu	화이팅
奥运	àoyùn	올림픽
喝彩	hēcǎi	갈채

 작문

请大家给他加加油。

여러분 그를 응원해 주세요.

[Qǐng dàjiā gěi tā jiā jiā yóu.]

- **광고지문**: 当好东道主 热情迎嘉宾

  [dāng hǎo dōngdàozhǔ rèqíng yíng jiābīn]
- **해석**: 주인의식을 갖고 열렬히 손님을 맞이하자
- **단어설명**

当好	dānghǎo	~갖다
东道主	dōngdàozhǔ	주인
热情	rèqíng	열정적이다
迎	yíng	맞이하다
嘉宾	jiābīn	손님

 작문

他待人并不怎么热情。
그는 사람을 대하는 것이 그다지 열정적이지 않다.
[Tā dàirén bìng bù zěnme rèqíng.]

- **광고지문:** 同一个世界 同一个梦想

  [tóng yī gè shìjiè tóng yī gè mèngxiǎng]

- **해석:** 하나의 세계 하나의 꿈

- **단어설명**

同一个	tóng yī gè	하나
世界	shìjiè	세계
梦想	mèngxiǎng	꿈

 작문

他的梦想已经实现了。

그의 꿈은 이미 실현되었다.

[Tā de mèngxiǎng yǐjīng shíxiàn le.]

- **광고지문:** 有我中国强 [yǒu wǒ Zhōngguó qiáng]
- **해석:** 내가 있어 중국이 강하다
- **단어설명**

| 有我 | yǒu wǒ | 내가 있다 |
| 强 | qiáng | 강하다 |

 작 문

他们有很强的竞争意识。

그들은 매우 강한 경쟁의식을 가지고 있다.

[Tā men yǒu hěn qiáng de jìngzhēng yìshí.]

- **광고지문:** 温馨提示：注意台阶 小心地滑

  [wēnxīn tíshì : zhùyì táijiē xiǎoxīn dìhuá]

- **해석:** 알림 ; 계단 조심 지면이 미끄러우니 조심

- **단어설명**

温馨	wēnxīn	따뜻하다
提示	tíshì	알리다
注意	zhùyì	주의
台阶	táijiē	계단
小心	xiǎoxīn	조심하다
地滑	dìhuá	지면이 미끄럽다

 작문

下次我会注意的。

다음에는 주의하겠습니다.

[Xiàcì wǒ huì zhùyì de.]

- **광고지문:** 加油中国 [jiāyóu Zhōngguó]
- **해석:** 중국화이팅!
- **단어설명**

| 加油 | jiāyóu | 화이팅 |

 작 문

大家加油啊!
모두 힘내세요!
[Dàjiā jiāyóu a!]

- **광고지문**: 奥运合作伙伴 [àoyùn hézuò huǒbàn]
- **해석**: 올림픽 협력 파트너
- **단어설명**

奥运	àoyùn	올림픽
合作	hézuò	협력
伙伴	huǒbàn	파트너

 작 문

我们正在寻找投资伙伴。
우리는 지금 투자 동업자를 찾고 있다.
[Wǒ men zhèngzài xúnzhǎo tóuzī huǒbàn.]

- **광고지문**: 中国赢 我们赢 [Zhōngguó yíng wǒ men yíng]
- **해석**: 중국이 이긴다. 우리가 이긴다.
- **단어설명**

| 赢 | yíng | 이기다 |

 작문

赢了这场比赛。
이 경기를 이겼다.
[Yíng le zhè chǎng bǐsài.]
想赢?
이기고 싶다고?
[Xiǎng yíng?]

- **광고지문:** 中国体育彩票 好运中国 最高奖金3万元

  [Zhōngguó tǐyù cǎipiào hǎoyùn Zhōngguó zuì gāo jiǎngjīn 3 wàn yuán.]

- **해석:** 중국 체육 복권 운이 좋은 중국 최고 상금 3만원

- **단어설명**

中国	Zhōngguó	중국
体育	tǐyù	체육
彩票	cǎipiào	복권
好运	hǎoyùn	운이 좋다
最	zuì	가장
高	gāo	높다
奖金	jiǎngjīn	상금
3万元	3 wàn yuán	3만원

작 문

他的彩票中了大奖。
그의 복권이 최고에 당첨되었다.
[Tā de cǎipiào zhōng le dàjiǎng.]

■ 관련광고

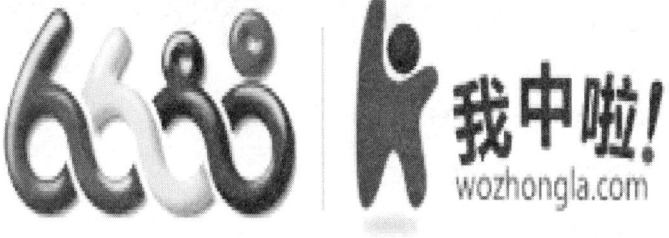

我中啦!
나 당첨되었어!
[wǒ zhòng la!]

- **광고지문:** 同一个世界 [tóng yī gè shì jiè]
- **해석:** 하나의 세계
- **단어설명**

| 同一个 | tóng yī gè | 하나 |
| 世界 | shìjiè | 세계 |

 작문

"同一个世界同一个梦想"是北京奥运的主题口号。
'하나의 세상, 하나의 꿈'은 베이징올림픽 메인 슬로건이다.
["tóng yī gè shìjiè tóng yī gè mèngxiǎng" shì Běijīng àoyùn de zhǔtí kǒuhào.]

加油! 你行的!
힘내! 넌 할 수 있어!
[jiāyóu! nǐ xíng de!]

- 광고지문: 我为奥运, 少开一天车 都市之声

[wǒ wèi àoyùn, shǎo kāi yī tiān chē dūshì zhī shēng]

- 해석:

나는 올림픽을 위해, 하루 차를 안 몬다(승용차 요일제) 도시의 소리

- 단어설명

为	wèi	~위하여
少	shǎo	적다
开	kāi	운전하다
一天	yī tiān	하루
车	chē	차
都市	dūshì	도시
之	zhī	~의
声	shēng	소리

 작문

本次列车是开往釜山的高速列车。
이 열차는 부산으로 가는 고속열차입니다.
[Běn cì lièchē shì kāi wǎng Fǔshān de gāosù lièchē.]

- 광고지문:

今天距奥运会开幕还有3天 今日天气24~34多云 有轻雾, 微风
[jīntiān jù àoyùnhuì kāimù hái yǒu 3 tiān jīnrì tiānqì 24~34 duō yún yǒu qīngwù, wēifēng]

- 해석:

올림픽개막까지 아직 3일 남음 오늘 날씨 24~34도 구름이 약간 미풍 있겠음.

■ 단어설명

距	jù	~에서
奥运会	àoyùnhuì	올림픽
开幕	kāimù	개막
还	hái	아직
3天	3 tiān	3일
今日	jīnrì	금일, 오늘
天气	tiānqì	날씨
云	yún	구름
轻雾	qīngwù	안개가 옅다
微风	wēifēng	미풍

 작문

世界杯已经开幕了。

월드컵이 이미 개막했다.

[Shìjièbēi yǐjīng kāimù le.]

- **광고지문:** 点燃 传递梦想 [diǎnrán chuándì mèngxiǎng]
- **해석:** 점화하고 꿈을 전하자
- **단어설명**

点燃	diǎnrán	점화하다
传递	chuándì	전하다
梦想	mèngxiǎng	꿈

 작 문

点燃火把。
햇불에 불을 붙이다.
[Diǎnrán huǒbǎ.]

人因梦想而伟大 所以, 我们一口咬下去吧!
사람은 꿈이 있어 위대하다. 그러므로 우리 한입 깨물어보자!
[Rén yīn mèngxiǎng ér wěidà suǒyǐ, wǒ men yī kǒu yǎo xià qù ba!]

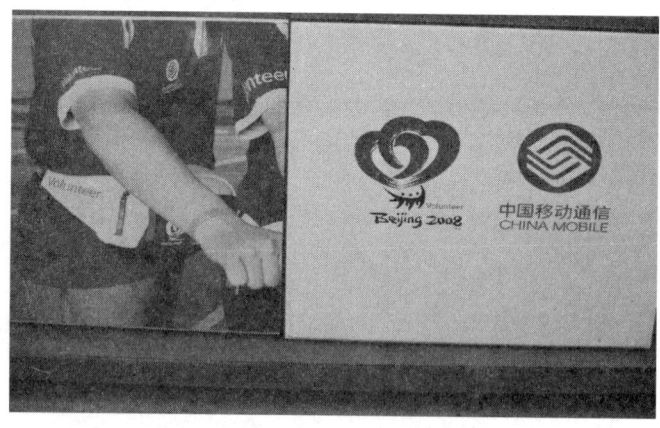

- **광고지문:** 中国移动通信 [Zhōngguó yídòng tōngxìn]
- **해석:** 중국이동통신
- **단어설명**

| 移动 | yídòng | 이동 |
| 通信 | tōngxìn | 통신 |

 작 문

你主要使用哪些通信工具?
너는 주로 어떤 통신수단을 사용하니?
[Nǐ zhǔyào shǐyòng nǎ xiē tōngxìn gōngjù?]

售后服务中心
서비스센터
[shòuhòu fúwù zhōngxīn]

- 광고지문:

  奥运会期间 快来麦当劳看 CCTV移动电视 24小时为中国加油

  [àoyùnhuì qījiān kuài lái màidāngláo kàn CCTV yídòng diànshì 24 xiǎoshí wèi zhōn guó jiāyóu]

- 해석:

  올림픽기간 맥도날드에 와서 CCTV 이동 텔레비전을 보세요. 24시간 중국을 위해 응원합니다.

- 단어설명

期间	qījiān	기간
快	kuài	빠르다
麦当劳	màidāngláo	맥도날드
CCTV		중국 국영 TV
电视	diànshì	TV
小时	xiǎoshí	시간

 작문

今天我吃了两个麦当劳。

나는 오늘 맥도날드 햄버거 2개를 먹었다.

[Jīntiān wǒ chī le liǎng gè Màidāngláo.]

- **광고지문:** 拉 推 [lā tuī]

- **해석:** 당기다 밀다

- **단어설명**

| 拉 | lā | 당기다 |
| 推 | tuī | 밀다 |

 작 문

你在前面拉, 我在后面推。
네가 앞에서 당겨, 내가 뒤에서 밀게.
[Nǐ zài qiánmiàn lā, wǒ zài hòumiàn tuī.]

- **광고지문**: 有志者, 事竟成 [yǒu zhì zhě, shì jìng chéng]
- **해석**: 뜻있는 자는 결국 성공한다.
- **단어설명**

| 有志者 | yǒu zhì zhě | 꿈이 있는 사람 |
| 事竟成 | shì jìng chéng | 일을 결국 이루다 |

 작 문

听到他住院的消息, 我竟忍不住哭了起来。

그가 병원에 입원했다는 소식을 듣고 나는 결국 참지 못하고 울기 시작했다.

[Tīng dào tā zhùyuàn de xiāoxī, wǒ jìng rěn bù zhù kū le qǐ lái.]

- **광고지문:** 地家房产 体育文化用品

  [dìjiā fángchǎn tǐyù wénhuà yòngpǐn]
- **해석:** 부동산 체육 문화용품

■ 단어설명

地家	dìjiā	지가
房产	fángchǎn	부동산
体育	tǐyù	체육
文化	wénhuà	문화
用品	yòngpǐn	용품

 작 문

你最喜欢观看的体育比赛是什么?

네가 가장 즐겨 보는 체육 경기는 무엇이니?

[Nǐ zuì xǐhuan guānkàn de tǐyù bǐsài shì shénme?]

- **광고지문**: 武 [wǔ]
- **해석**: 무, 무예
- **단어설명**

| 武术 | wǔshù | 무술 |

 작 문

李连杰曾经参加过武术比赛。
리롄제는 일찍이 무술 대회에 참가한 적이 있다.
[Lǐ liánjié céngjīng cānjiā guò wǔshù bǐsài.]

- **광고지문:** 功夫熊猫 [gōngfū xióngmāo]
- **해석:** 쿵푸팬더
- **단어설명**

| 功夫 | gōngfū | 쿵푸 |
| 熊猫 | xióngmāo | 팬더 |

 작 문

他曾经在中国学习过一段时间的中国功夫。
그는 일찍이 중국에서 중국 무술을 한동안 배웠다.
[Tā céngjīng zài Zhōngguó xuéxí guò yī duàn shíjiān de Zhōngguó gōngfū.]

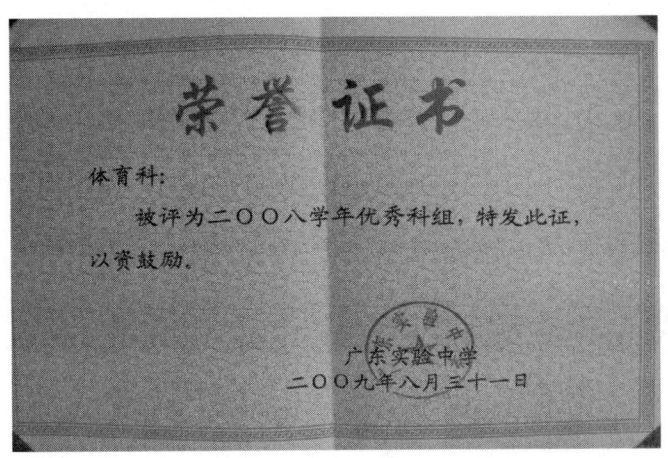

- **광고지문:**

荣誉证书 体育科；被评为二OO八学年优秀科组，特发此证，以资鼓励。广东实验中学 二OO九年八月三十一日。

[róng yù zhèng shū tǐ yù kē ; bèi píng wèi èr líng líng bā xué nián yōu xiù kē zǔ, tè fā cǐ zhèng, yǐ zī gǔ lì。guǎng dōng shí yàn zhōng xué èr líng líng jiǔ nián bā yuè sān shí yī rì]

- **해석:**

명예증서 체육과: 2008년도 우수과로 평가받아 이에 특별히 증서를 수여하여 격려합니다. 광동실험중고등학교 2009년 8월 31일.

■ 단어설명

荣誉	róng yù	영예
证书	zhèng shū	증서
体育科	tǐ yù kē	체육과
被	bèi	~당하다
评为	píng wèi	평가하다
学年	xué nián	학년
优秀	yōu xiù	우수
科组	kē zǔ	과
特发	tè fā	특별히 수여하다
此证	cǐ zhèng	이 증서
以资	yǐ zī	~으로
鼓励	gǔ lì	격려하다
广东	guǎng dōng	광동
实验	shí yàn	실험
中学	zhōng xué	중고등학교

 작 문

我父亲在荣誉面前从不骄傲。

우리 아버지께서는 영예 앞에서 지금껏 뽐내지 않으셨다.

[Wǒ fùqīn zài róngyù miànqián cóng bù jiāoào.]

- 광고지문: 连败连战 [liánbài liánzhàn]
- 해석: 연패연전
- 단어설명

连败	liánbài	연패
连战	liánzhàn	연전

 작 문

这儿连下了两天大雨。
이곳에 이틀 동안 연속해서 큰비가 내렸다.
[Zhèr lián xià le liǎng tiān dà yǔ.]

- 광고지문: 中国队必胜 [zhōngguó duì bìshèng]
- 해석: 중국팀 필승
- 단어설명

队	duì	팀
必胜	bìshèng	필승

 작문

这支球队的配合很好。

이 축구팀의 팀워크가 매우 좋다.

[Zhè zhī qiúduì de pèihé hěn hǎo.]

- **광고지문:** 我们体操不行 我们乒乓球不行 但是我们足球行!

  [wǒ men tǐcāo bùxíng wǒ men pīngpāngqiú bùxíng dànshì wǒ men zúqiú xíng!]

- **해석:** 우리는 체조 안돼, 탁구 안돼, 그러나 축구는 가능해!

- **단어설명**

体操	tǐcāo	체조
不行	bùxíng	안 된다
乒乓球	pīngpāngqiú	탁구
但是	dànshì	그러나
足球	zúqiú	축구
行	xíng	되다, 가능하다

작문

每当我想做什么事情, 爸爸总是说:"不行"。

내가 무슨 일을 하고 싶을 때마다 아버지께서는 늘 "안 돼"라고 말씀하신다.

[Měi dāng wǒ xiǎng zuò shénme shìqíng, bàbà zǒng shì shuō : "bù xíng".]

- **광고지문:** 我们是冠军 [wǒ men shì guànjūn]
- **해석:** 우리가 우승이다.
- **단어설명**

| 冠军 | guànjūn | 우승 |

 작문

今天的比赛谁得了冠军?
오늘 시합에서 누가 1등을 했나요?
[Jīntiān de bǐsài shuí dé le guànjūn?]

- **광고지문:** 国足,今天你赌了吗? [guózú, jīntiān nǐ dǔ le ma?]
- **해석:** 축구 국가대표팀, 오늘 도박했니?
- **단어설명**

国足	guózú	축구 국가대표팀
赌	dǔ	도박하다

 작문

请不要再赌。

다시 도박하지 마세요.

[Qǐng bù yào zài dǔ.]

- **광고지문**: 我们的脸呢? [wǒ men de liǎn ne?]
- **해석**: 우리의 체면은?
- **단어설명**

| 脸 | liǎn | 얼굴, 체면 |
| 呢 | ne | 문장 끝에 쓰인 의문 어기조사 |

 작문

给他留点儿脸吧。

그의 체면을 살려주자.

[Gěi tā liú diǎn ér liǎn ba.]

참고 : 2008년 베이징 올림픽 경기 종목

自行车 [zìxíngchē]
자전거

蹦床 [bèngchuáng]
트램펄린(trampolin)

沙滩排球 [shātān páiqiú]
비치볼

游泳 [yóuyǒng]
수영

体操 [tǐcāo]
체조

小轮自行车 [xiǎolún zìxíngchē]
BMX (Bicycle Motocross).

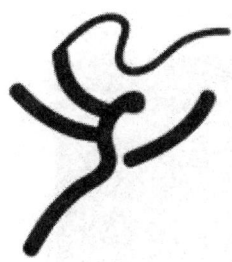
艺术体操 [yìshù tǐcāo]
리듬체조

马术 [mǎshù]
승마술

网球 [wǎngqiú]
테니스

垒球 [lěiqiú]
소프트볼(softball)

6) 의료

- **광고지문:** 门诊时间 [ménzhěn shíjiān]
- **해석:** 진료시간
- **단어설명**

门诊	ménzhěn	진료
时间	shíjiān	시간
早	zǎo	오전
下午	xiàwu	오후

请你在门诊大楼的三楼等他们。
진료 빌딩의 일층에서 그들을 기다리세요.
[Qǐng nǐ zài ménzhěn dàlóu de sān lóu děng tā men.]

- **광고지문**: 保健促进学校 [bǎojiàn cùjìn xuéxiào]
- **해석**: 진료시간
- **단어설명**

保健	bǎojiàn	보건
促进	cùjìn	속성, 촉진
学校	xuéxiào	학교
教育	jiàoyù	교육
委员会	wěiyuánhuì	위원회
卫生局	wèishēngjú	보건복지부

这种保健品能够强壮身体。

이런 보건 용품들은 몸을 튼튼하게 만들 수 있다.

[Zhè zhǒng bǎojiànpǐn nénggòu qiángzhuàng shēntǐ.]

- 광고지문: 穿耳眼 [chuāněryǎn]
- 해석: 귀 뚫음
- 단어설명

穿	chuān	뚫다
耳眼	ěryǎn	귀
黄金	huángjīn	황금
铂金	bójīn	백금

 작문

我认为十二岁的孩子不应该允许穿耳眼。
나는 12세의 아이는 귀를 뚫지 말아야 한다고 생각한다.
[Wǒ rènwèi shí èr suì de háizi bu̇ yīnggāi yǔnxǔ chuān ěryǎn.]

- **광고지문:** 北京华泰恒久中老年疾病研究中心

  [Běijīng huátài héngjiǔ zhōng lǎonián jíbìng yánjiū zhōngxīn]

- **해석:** 베이징 후아타이헝지우 성인 및 노인 질병 연구센터

- **단어설명**

恒久	héngjiu	영원하다
中老年	zhōng lǎonián	성인 및 노인
疾病	jíbìng	질병
研究	yánjiū	연구, 연구하다
中心	zhōngxīn	센터
迎	yíng	환영하다, 반기다
健康	jiànkāng	건강
大增送	dà zēngsòng	대 증정 세일

蝇子能传播各种疾病。
모기는 각종 질병을 전파할 수 있다.
[Wénzi néng chuánbō gèzhóng jíbìng.]

- 광고지문: 足疗保健 [zúliáo bǎojiàn]
- 해석: 건강 다리 안마
- 단어설명

足	zu	다리
疗	liáo	치료하다
保健	bǎojiàn	보건, 건강을 지키다

 작 문

一个好的足疗师可能被诱惑到黑暗的一面。

유명한 다리 안마사는 어두운 곳으로부터 유혹받기도 한다.

[Yī ge hǎo de˙zúliáoshī kěnéng bèi yòuhuò dào hēiàn dė yīmiàn.]

- **광고지문:** 丽仁动物医院 [lìrén dòngwù yīyuàn]
- **해석:** 리런 동물병원
- **단어설명**

丽仁	lìrén	인명
动物	dòngwù	동물
医院	yīyuàn	병원

작 문

他每个星期六早上都是在一家动物医院工作中度过的。
그는 매주 토요일 오전이면 언제나 동물병원에서 일하며 지낸다.
[Tā měi ge xīngqīliù`zǎoshàng dōu shì zài yī jiā dòngwù yīyuàn gōngzuò zhōng dù guo˙de˙.]

- **광고지문**: 北京同仁堂 [Běijīng tóngréntáng]
- **해석**: 베이징 통런탕
- **단어설명**

同	tóng	같다
仁	rén	어질다
堂	táng	집, 본채
地址	dìzhǐ	주소
大厦	dàxià	빌딩, 건물
层	céng	층
电话	diànhuà	전화

 작문

现在大卫来到了药店。
지금 데이비드가 약국에 도착했다.
[Xiànzài dàwèi lái dào le yàodiàn.]

- **광고지문**: 盲人按摩 [mángrén ànmó]
- **해석**: 맹인 안마
- **단어설명**

盲人	mángrén	맹인
按摩	ànmó	안마
残疾人	cánjírén	장애인
就业	jiùyè	취업
保障金	bǎozhàngjīn	보증금
扶持	fúchí	부축하다, 돕다, 지원하다, 보조하다
项目	xiàngmù	항목, 목록

 작문

现在我要按摩你的肩膀。
지금 내가 너의 어깨를 안마해줄게.
[Xiànzài wǒ yào ànmó nǐ de jiānbǎng.]

- **광고지문**: 民航总医院 [mínhángzǒngyīyuàn]
- **해석**: 민항 종합병원
- **단어설명**

民航	mínháng	중국민항
总医院	zǒng yīyuàn	종합병원

 작 문

我们房间里有一股医院味儿。

우리 방은 병원 같은 냄새가 나.

[Wǒ men fángjiān lǐ yǒu yī gǔ yīyuàn wèiér.]

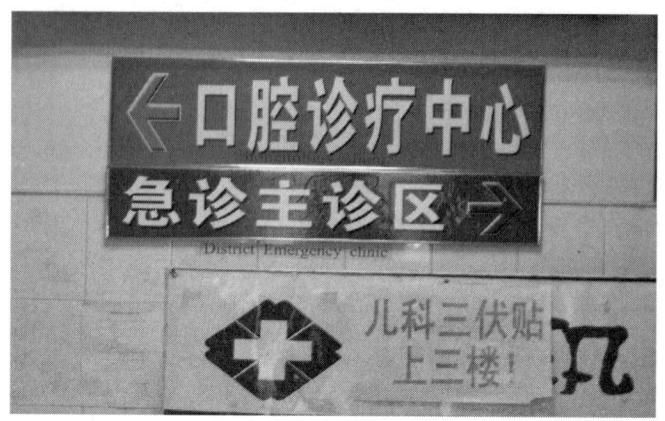

- **광고지문:** 口腔诊疗中心 [kǒuqiāng zhěnliáo zhōngxīn]
  急诊主诊区 [jízhěn zhǔzhěnqū]
- **해석:** 구강 진료 센터 응급 진료 구역
- **단어설명**

口腔	kǒuqiāng	구강
诊疗	zhěnliáo	치료
急诊	jízhěn	응급
主诊区	zhǔzhěnqū	진료구역
儿科	érkē	소아과
三伏贴	sānfútiē	싼푸티에 고약
上	shàng	오르다
楼	lóu	층

 작문

作为山东省不孕不育诊疗中心，拥有一批临床经验丰富的专家。

산둥성은 불임치료센터를 위해 풍부한 임상경험을 갖춘 전문가를 보유하고 있다.

[Zuò wéi Shāndōngshěng bù yùn bù yù zhěnliáo zhōngxīn, yōng yǒu yī pī línchuáng jīngyàn fēngfu`dė zhuānjiā,]

- **광고지문:** 儿童眼病中心 [értóng yǎnbing zhōngxīn]

    人民眼科中心 [rénmín yǎnke⁻zhōngxīn]
- **해석:** 소아 안과 센터 런민 안과 센터

■ 단어설명

儿童	értóng	아동, 소아
眼病	yǎnbìng	안과 질병
人民	rénmín	인민, 국민
眼科	yǎnkē	안과
大学	dàxué	대학
医院	yīyuàn	병원

 작 문

现在他的情况也可能导致严重的眼病。
현재 그의 상황은 심각한 눈병을 가져올 수도 있다.
[Xiànzài tā de qíngkuàng yě kěnéng dǎozhì yánzhòng de yǎnbìng.]

- **광고지문:** 医疗美容科妇科病房

  [yīliáo měiróng kē fùkē bìngfáng]
- **해석:** 의료 성형과 산부인과 병동
- **단어설명**

医疗	yīliáo	의료
美容科	měiróngkē	성형과
妇科	fùkē	산부인과
病房	bìngfáng	병동
风湿	fēngshī	류마니즘
免疫	miǎnyì	면역
血液	xiěyè	혈액
内分泌	nèifēnbì	내분비
内竟室	nèijìngshì	내시경 실

 작 문

我从来都没有做过任何形式的妇科检查。

나는 지금까지 어떤 산부인과 검사도 받은 적이 없다.

[Wǒ cónglái dōu méiyǒu zuò`guò rènhe´xíngshì de fù kē jiǎnchá.]

- 광고지문: 北京大学人民医院 [běijīng dàxué rénmín yīyuàn]
- 해석: 베이징 대학 런민 병원
- 단어설명

激光	jīguāng	레이저 광선
近视眼	jìnshìyǎn	근시안
慢	màn	느리다, 게으르다

 작 문

超市对面的那栋白色建筑物就是人民医院。
수퍼마켓 건너편의 저 흰 건물이 바로 런민 병원입니다.
[Chāoshì duìmiàn de nà dòng báisè jiànzhùwù jiùshì rénmín yīyuàn.]

- **광고지문:** 穿白大衣人员禁止外出

    [chuānbáidàyīrényuánjīnzhǐwàichū]

- **해석:** 흰색 가운 착용 관계자 외출 금지
- **단어설명**

白大衣	bái dàyī	흰색 가운(의료 관계자가 입는 옷)
人员	rényuán	사람, 인원
禁止	jīnzhǐ	금지
外出	wàichū	외출
住院	zhùyuàn	입원
病人	bìngrén	환자

 작 문

鲜红的血都渗到白大衣外边来。

검붉은 피가 흰색 가운 밖까지 배어 번졌다.

[Xiānhóng de˙xiě dōu shèndào bái da`yī wàibiān lái.]

- **광고지문:** 旭纳祺女子减肥中心 [xùnàqínǚzijiǎnféizhōngxīn]
- **해석:** 쉬나치 여성 다이어트 센터
- **단어설명**

旭纳祺	xùnàqí	인명
女子	nǚzi	여성, 여자
减肥	jiǎnféi	다이어트

 작 문

巧克力就是我减肥一再失败的原因。
초콜릿이 바로 내가 다이어트에 거듭 실패한 원인이다.
[Qiǎokèlì jiùshì wǒ jiǎnféi yī zài shībài de˙yuányīn.]

- **광고지문:** 北京医科整形美容 [Běijīng yīkē zhěngxíng měiróng]
- **해석:** 베이징 의학 성형
- **단어설명**

整形	zhěngxíng	성형하다, 정형하다
医学科学院	yīxué kēxuéyuàn	의과대학
整形外科	zhěngxíng wàike	정형외과

 작문

最近, 她又开始频繁地出入整形医院和美容院。
최근 그녀는 또 성형외과와 미용실에 자주 드나들기 시작했다.
[Zuìjìn, tā yòu kāishǐ pínfán dè chū rù zhěng xíng yīyuàn he´měiróngyuàn.]

- **광고지문:** 美甲 [měijiǎ]

- **해석:** 메이지아(아름다운 손톱,발톱)

- **단어설명**

商铺	shāngpù	점포, 상점
指间	zhǐjiān	손가락의 맨 끝부분
悦	yuè	기쁘다, 즐겁다

 작 문

我们还要做脚部和手部的美甲。

우리는 또 다리와 발톱, 손톱 정리를 하려 합니다.

[Wǒ mèn hái yào zuo`jiǎobù hé shǒubu dè měijiǎ.]

- 광고지문: 脚趾美甲 [jiǎozhǐ měijiǎ]
- 해석: 예쁜 손가락 발가락
- 단어설명

| 脚趾 | jiǎozhǐ | 발가락 |

 작문

袜子破了, 脚趾都露出来了。
양말이 헤져서 발가락도 보인다.
[Wàzi pò le˙jiǎozhǐ dōu loù chū lái le˙.]

- **광고지문:** 京都按摩学校 [jīngdū ànmó xuéxiào]
- **해석:** 징뚜 안마학교
- **단어설명**

| 京都 | jīngdu | 징뚜(고유명사) |

 작 문

适量的运动和按摩可以舒筋活络。
적당한 운동과 안마는 근육을 풀어 준다.
[Shìliàng dè yùndòng hé ànmó kěyǐ shūjīn huóluo.]

- **광고지문**: 护生堂大药房 [hùshēngtáng dà yàofáng]
- **해석**: 후성탕 약국
- **단어설명**

药房	yàofáng	약국
保健品	bǎojiànpǐn	보건품
计生用品	jìshēng yòngpǐn	성인용품
医疗机械	yīliáo jīxiè	의료기계

 작문

您可以申请中国大药房会员卡, 会员卡是免费的。
선생님은 중국 약국의 회원카드를 신청할 수 있으며, 회원카드는 무료입니다.
[Nín kěyǐ shēnqǐng Zhōngguó dà yàofáng huìyuánkǎ, huìyuánkǎ shì miǎnfèi dė.]

- **광고지문:** 大药房[dà yàofáng]

- **해석:** 약국

- **단어설명**

药	yào	약
24小时服务	24 xiǎoshí fúwu	24시간 영업
有限公司	yǒuxiàn gōngsī	유한 책임회사, 유한(有限)회사

 작문

该公司提出的服务宗旨受到了消费者的认同。
이 회사가 언급한 서비스 목표가 소비자들의 인정을 받았다.
[Gāi gōngsī tíchū de ˙fúwu ˋzōngzhǐ shòudào le xiāofèizhě de ˙rèntóng.]

- **광고지문**: 平价药房 [píngjià yàofáng]
- **해석**: 값싼 약국
- **단어설명**

| 平价 | píngjià | 저렴하다, 가격이 높지 않다 |

 작문

拿着这个药方去药房。
이 처방전을 가지고 약국에 가세요.
[Ná zhe·zhè ge yàofāng qù yàofáng.]

- 광고지문: 医保 全新大药房 [yìbǎo quánxīn dà yàofáng]
- 해석: (의료보험) 추안신 약국
- 단어설명

医保	yìbǎo	의료보험(医疗保险)의 줄임말
全新	quánxīn	완전히 새롭다

 작 문

参加医保的国民可到定点医院治疗。

의료보험에 가입한 국민은 지정 병원에서 치료를 받을 수 있다.

[Cānjiā yìbǎo de˙ guómín kě dào dìngdiǎn yīyuàn zhìliáo.]

- **광고지문**: 白塔寺药店 [báitǎdāsì yàodiàn]
- **해석**: 백탑사 약국
- **단어설명**

白塔寺	báitǎdāsì	백탑사(고유명사)
药店	yàodiàn	약국
货真价卖	huò zhēn jià mài	물건의 가격을 속이지 않다.

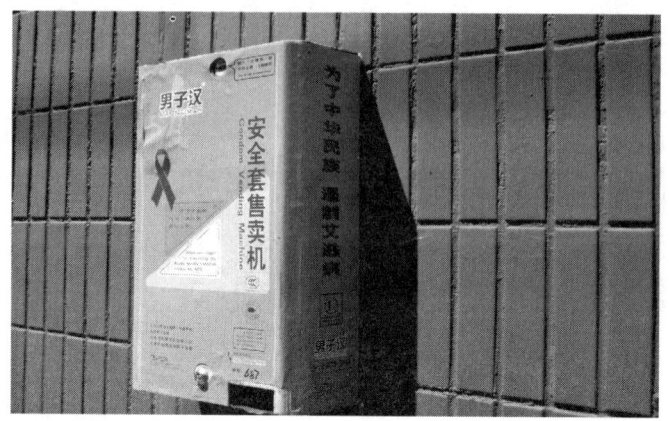

- **광고지문:** 安全套售卖机 [ānquántào shòumàijī]
- **해석:** 콘돔 판매기
- **단어설명**

男子汉	nánzǐhàn	사나이
为了	wèile	~을 위하여
中华民族	Zhōnghuá mínzú	중화민족
遏制	èzhì	억제하다
艾滋病	àizībìng	에이즈(병명)

 작문

他向大众宣传了怎样预防艾滋病。

그는 대중들에게 어떻게 에이즈를 예방하는지 선전했다.

[Tā xiàng dàzhòng xuānchuán le zěnyàng yùfáng àizībìng.]

- **광고지문:** 京丽人护肤瘦身中心

  [jīnglìrén hùfū shòushēn zhōngxīn]

- **해석:**

  징리런(베이징의 아름다운 사람) 피부보호 및 다이어트 센터

- **단어설명**

京丽人	jīnglìrén	징리런(베이징의 아름다운 사람)
护肤	hùfū	피부보호
瘦身	shòushēn	다이어트

 작 문

请问, 春季如何护肤?

봄철에는 어떻게 피부를 보호해야 합니까?

[Qǐng wèn, chūnjì rúhé hùfū?]

- **광고지문:** 中医门诊 [zhōngyī ménzhěn]
- **해석:** 중의 진료
- **단어설명**

中医	zhōngyī	중의, 한의
门诊	ménzhěn	진료
西医	xīyì	양의
打针	dǎzhēn	침, 주사
中药	zhōngyào	한약
饮片	yǐnpiàn	정제 과정을 거친 한약
西药	xīyào	양약

 작문

中医正在治疗他的病。
한의사가 지금 그의 병을 치료하고 있다.
[Zhōngyī zhèng zài zhìliáo tā débìng.]

- **광고지문:** 无偿献血 挽救生命

  [wúcháng xiànxuè wǎnjiù shēngmìng]

- **해석:** 대가 없는 헌혈 생명을 구해낸다

- **단어설명**

无偿	wúcháng	무상, 대가 없는
献血	xiànxuè	헌혈
挽救	wǎnjiù	구하다
生命	shēngmìng	생명

 작 문

你参加过献血吗?
당신은 헌혈한 적이 있습니까?
[Nǐ cānjiā guò xiànxiě ma?]

7) 여가 및 취미

- **광고지문:** 吧艺演 [bāyìyǎn]
- **해석:** 예술 악단 공연 바(bar)
- **단어설명**

艺演	yìyǎn	예술 악단 공연
吧	ba	바(bar)
地厚	dìhòu	넓은 땅, 天高에 대칭됨
源	yuán	근원, 원류

 작 문

艺术团出国演出了将近一年。
예술단은 해외에 나가 1년 가까이 공연을 했다.
[Yìshùtuán chūguó yǎnchū le jiāngjìn yī nián.]

- **광고지문:** 吉它吧 [jítābā]
- **해석:** 기타 공연 바(bar)
- **단어설명**

| 吉它 | jíta | 기타 |

 작 문

他每天要练习吉它。

그는 매일 기타를 연습하고자 한다.

[Tā měitiān yào liànxí jítā.]

- **광고지문:** 红舞星 舞厅 [hóngwǔxīng wǔtīng]
- **해석:** 홍우싱 무도장
- **단어설명**

红舞星	hóngwǔxīng	홍우싱(고유명사)
红	hóng	붉다, 빨간색
舞	wǔ	춤
星	xīng	별
舞厅	wǔtīng	무도장

 작문

我从来没去过舞厅。
나는 지금까지 댄스홀에 가본 적이 없다.
[Wǒ cónglái méi qù guo wǔtīng.]

- **광고지문**: 北戴河 旅游拍婚纱照

  [Běidàihé lǚyóu pāi hūnshāzhào]

- **해석**: 베이다이허 관광지 웨딩드레스 사진

- **단어설명**

北戴河	Běidàihé	베이다이허(고유명사)
旅游	lǚyóu	관광, 여행
拍照	pāizhào	사진을 찍다
婚纱	hūnshā	웨딩드레스

 **작문**

我也梦想拍这些婚纱照。
나도 이런 웨딩드레스 사진 찍기를 꿈꾼다.
[Wǒ yě mèngxiǎng pāi zhè xiē hūnshāzhào.]

- **광고지문:** 因为有你 成都更美好

  [Yīnwèi yǒu nǐ Chéngdū gèng měihǎo]
- **해석:** 당신이 있기에 청두는 더욱 아름답다
- **단어설명**

因为	yīnwèi	~때문에
成都	chéngdū	청두(고유명사)
更	gèng	더욱 ~하다
美好	měihǎo	아름답다
黄海	huánghǎi	황해
客车	kèchē	관광버스, 객차(客车)

 작문

美好的生活在召唤着你们。

행복한 생활이 당신들을 부르고 있다.

[Měihǎo de shēnghuó zài zhàohuàn zhe nǐ men.]

- **광고지문**: 北京南宫温泉度假酒店

  [Běijīng Nángōng wēnquán dùjiǎ jiǔdiàn]
- **해석**: 베이징 난꿍 온천 휴양 호텔
- **단어설명**

温泉	wēnquán	온천
度假	dùjiǎ	휴가를 보내다, 휴가, 휴양
酒店	jiǔdiàn	호텔

 작 문

她只想着度假, 工作上根本没心思。

그는 휴가만 생각하고 일은 전혀 생각이 없다.

[Tā zhǐ xiǎng zhe dùjiǎ, gōngzuò shàng gēnběn méi xīnsī.]

- **광고지문:** 北京巴士 旅游 [Běijīng bāshì lǚyóu]
- **해석:** 베이징 버스 관광
- **단어설명**

| 巴士 | bāshì | 버스 |

 작문

我要八月下旬去度假。
나는 8월 하순에 휴가를 가려한다.
[Wǒ yào bā yuè xiàxún qù dujia.]

- **광고지문**: 中国旅游 [Zhōngguó lǚyóu]
- **해석**: 중국 여행
- **단어설명**

金色假日	jīnsè jiàrì	황금휴일
免费	miǎnfèi	무료
接送	jiēsòng	맞이하고 보내다
飞机	fēijī	비행기

 작문

这些是我们的上些假日快照。

이것들은 우리가 지난번 휴가 때 찍은 스냅사진이다.

[Zhè xiē shì wǒ men de shàngxiē jiǎrì kuàizhào。]

- 광고지문: 钟楼湾旅游接待部 [zhōnglóuwān´lǚyóu jiēdàibù]
- 해석: 중로우만 관광 접대소
- 단어설명

钟楼	zhōnglóu	종류
接待部	jiēdàibù	접대소
胡同	hútòng	골목, 뒷골목
售票处	shòupiàochù	매표소
陶瓷	táocí	도자기
艺术馆	yìshùguǎn	예술관

 작문

我的工作是接待来宾。

내 임무는 내빈들을 접대하는 것이다.

[Wǒ de gōngzuò shì jiēdài láibīn.]

- **광고지문:** 功夫熊猫 [gōngfū xióngmāo]
- **해석:** 쿵푸 팬더
- **단어설명**

功夫	gōngfu	쿵푸
熊猫	xióngmāo	팬더
摩拳擦掌	móquán cāzhǎng	결의를 다지다
天下	tiānxià	천하, 세상
全民	quánmín	전 국민
超人	chāorén	초인, 슈퍼맨
全球上演	quánqiú shàngyǎn	전 세계 상영

 작문

拼得功夫深, 铁杵磨成针。

공만 충분히 들인다면 쇠몽둥이도 갈아서 바늘로 만든다.

[Pīn dé gōngfū shēn, tiěchǔ mó chéng zhēn.]

- **광고지문:** 胜利电影院 [shènglì diànyǐngyuàn]
- **해석:** 성리 영화관
- **단어설명**

胜利	shènglì	승리, 성리(고유명사)
电影院	diànyǐngyuàn	영화관
极速赛车手	jísù sàichē,shǒu	스피드 레이서
上映	shàngyìng	상영하다, 상영

 작문

请问去电影院怎么走?
극장에 가려면 어떻게 갑니까?
[Qǐng wèn qù diànyǐngyuàn zěnme zǒu?]

- **광고지문**: 666(六六六) 摇滚店 [liùliùliù yáogǔndiàn]
- **해석**: 666 록 음반점
- **단어설명**

| 摇滚 | yáogǔn | 로큰롤(rock'n'roll). 록(rock). 록앤드롤(rock and roll). |

 작문

对于重金属，对于摇滚，我不在行。
헤비메탈이나 록에 대해서 나는 문외한이다.
[Duìyú zhòngjīnshǔ, duìyú yáogǔn, wǒ bù zài háng。]

- **광고지문:** 鑫缘麻将馆 [xīnyuán májiàngguǎn]
- **해석:** 신위엔 마작관
- **단어설명**

棋牌	qípái	바둑이나 카드, 골패 등 놀음을 총칭
乐	lè	즐겁다

 작문

我打麻将今天手幸。
나는 오늘 마작판에서 재수가 좋다.
[Wǒ dǎ májiàng jīntiān shǒuxìng.]

- **광고지문:** 棋牌室 [qípáishì]
- **해석:** 놀음방(바둑이나 카드, 골패 등 놀음을 하는 곳)
- **단어설명**

| 游艺 | yóuyì | 오락, 유희 |
| 服务 | fúwù | 서비스 |

 작 문

每天我们都喜欢出来下下棋, 打打牌。

우리는 매일 바둑을 두고 카드놀이를 하러 나오는 것을 좋아한다.

[Měitiān wǒmèn dōu xǐhuān chūlái xià xiàqí, dǎ dǎ pái.]

- **광고지문:** 有电就能玩 [yǒu diàn jiù néng wán]
- **해석:** 전기만 있으면 놀 수 있지!
- **단어설명**

| 玩 | wán | 놀다, 즐기다 |

 작 문

把人玩个转陀螺。
사람을 팽이처럼 돌리다.
[Bǎ rén wán gè zhuǎn tuóluó.]

- **광고지문:** 酒吧 [jiǔbā]
- **해석:** 주점, 술집
- **단어설명**

酒	jiǔ	술
烟	yān	담배

 작 문

人醉酒吐真情。

사람은 술에 취하면 진담을 한다.

[Rén zuìjiǔ tǔ zhēn qíng.]

- **광고지문:** 中国动画 [Zhōngguó dònghuà]
- **해석:** 중국 에니메이션, 중국 만화영화
- **단어설명**

动画	dònghua	에니메이션, 만화영화
漫画	mànhuà	만화
御宅族	yùzháizú	오타쿠(otaku-일본에서 들어온 말로, 에니메이션 수집, 로봇 수집 등 어떤 한 가지 것에 마니아(mania)보다 더욱 광적으로 심취하는 부류)

 작문

国外的一些动画电影的确给了我们很大的冲击和启示。
해외의 일부 애니메이션은 분명 우리에게 매우 큰 충격과 계시를 주었다.
[Guówài dè yī xiē dònghuà diànyǐng díquè gěi lè wǒ mèn hěn dà dè chōngjī hé qǐshì.]

- **광고지문:** 百年梦想 百年茶香

  [bǎinián mèngxiǎng bǎinián cháxiāng]

- **해석:** 백년의 꿈, 백년의 다향

- **단어설명**

| 新到高碎 | xīndàogāosuì | 차 잎 가루 신 입하 |

 작문

我已经忘了我最初的梦想是什么。
나는 벌써 나의 최초의 꿈이 무엇이었는지 잊었어.
[Wǒ yǐjīng wàng lè wǒ zuìchū dè mèngxiǎng shì shén me.]

- **광고지문:** 迈水楼 茶社 [màishuǐlóu cháshè]
- **해석:** 마이수이로우 차집
- **단어설명**

茶社	cháshè	차집
让你的时间 感受宁静的味道	ràng nǐ de shíjiān, gǎnshòu níngjìng de wèidào	당신에게 편안한 맛을 느낄 수 있는 시간을 드리겠습니다.

 작문

这里也有一个迷人茶社。
이곳에도 사람의 입맛을 끄는 찻집이 있다.
[Zhè lǐ yě yǒu yī gè mí rén cháshe.]

- **광고지문**: 沙漏咖啡 [shālòu kāfēi]
- **해석**: 모래시계 커피점
- **단어설명**

沙漏	shālòu	모래시계
咖啡	kāfēi	커피
心是孤独的猎手	xīn shì gūdú de lièshǒu	마음은 고독한 사냥꾼

 작 문

我从来没喝过咖啡。

나는 지금까지 커피를 마셔 본 적이 없다.

[Wǒ cónglái méi hē guò kāfēi.]

8) 생활(의식주)

- **광고지문:** 家政服务 [jiāzhèng fúwù]
- **해석:** 가사 관리 서비스
- **단어설명**

| 家政 | jiāzhèng | 집안일의 관리, 가사(家事) |

 작문

在中东的大部分地区，家政工人是不受合法就业法的保护的。
중동 대부분의 지역에서 가정부는 합법적인 직업법의 보호를 받지 못한다.
[Zài Zhōngdōng de dà bùfēn dìqū, jiāzhèng gōngrén shì bù shòu héfǎ jiùyèfǎ de bǎohù de.]

- **광고지문**: 宠娓家常菜 [chǒngwěi jiāchángcài]
- **해석**: 총웨이 가정식 식당
- **단어설명**

家常菜	jiāchángcài	가정식 요리
欢迎光临	huānyíng guānglín	어서 오십시오, 왕림을 환영 합니다
微波炉	wēibōlu	전자레인지

 작문

妈妈总是准备有益健康的家常菜。
엄마는 언제나 유익하고 건강한 가정식 요리를 준비한다.
[Māmā zǒngshì zhǔnbèi yǒuyì jiànkāng de jiāchángcài.]

- **광고지문:** 报刊亭 [bàokāntíng]
- **해석:** 잡지 가판대
- **단어설명**

卡	kǎ	(전화)카드
冷饮	lěngyǐn	찬 음료

 작문

报刊亭有各种报纸和杂志可供选择。
잡지 가판대에는 선택할 수 있는 각종 신문과 잡지가 있다.
[Bàokāntíng yǒu gèzhǒng bàozhǐ hé zázhì kě gōng xuǎnzé.]

- **광고지문**: 金谷干手器 [jīngǔ gānshǒuqì]
- **해석**: 진구 손 건조기
- **단어설명**

| 保护环境人人有责 | bǎohù huánjìng rén rén yǒu zé | 환경보호는 모든 사람의 책임 |

 작문

用你的毛巾擦干手。
수건으로 손을 깨끗이 닦으세요.
[Yòng nǐ de máojīn cā gān shǒu.]

- **광고지문:** 投名片送礼盒券! [tóu míngpiàn sònglǐ héquàn!]
- **해석:** 행운권 추첨함
- **단어설명**

投	tóu	던지다
名片	míngpiàn	명함
送礼	sònglǐ	선물을 보내다
兑奖	duìjiǎng	(당첨된 복권이나 경품권으로) 상품(赏品) 혹은 상금(赏金)과 교환하다
极限	jíxiàn	최대한도
年轻	niánqīng	젊다

 작문

你再无法买到纯金包装的月饼礼盒了。

당신은 더 이상 순금 포장된 월병 선물 상자를 살 방법이 없다.

[Nǐ zài wúfǎ mǎi dào chúnjīn bāozhuāng de yuèbǐng lǐhé le.]

- **광고지문:** 悠然自在胡同人 意犹未尽锣鼓巷

  [yōurán zìzài hútòngrén yì yóu wèijìn luógǔ xiàng]

- **해석:**

  태연자약 살아 온 골목 주민, 아직도 징과 북을 치지 못한 이 있네.

- **단어설명**

悠然	yōurán	침착하고 여유가 있는 모양. 유연(悠然)한 모양. 유유(悠悠)한 모양.
自在	zìzài	자유(自由)롭다.
胡同人	hútòngrén	골목. 뒷골목.
意	yì	추측하다. 짐작하다. 예상하다
犹	yóu	마치 ~와 같다.
未尽	wèijìn	미진하다, 아직 다하지 못하다
锣鼓	luógǔ	징과 북
巷	xiàng	뒷골목. 외진 골목

 작문

胡同里的人热情好客。
골목 안의 사람들은 열정적이며, 손님맞이를 좋아한다.
[Hútòng lǐ de rén rèqíng hǎokè.]

- **광고지문:** 瑞群水果店 [ruìqún shuǐguǒdiàn]
- **해석:** 루이췬 과일가게
- **단어설명**

| 瑞 | ruì | 상서롭다. 길하다 |
| 水果 | shuǐguo | 과일 |

 작문

在水果店他发现一堆木瓜。
과일 가게에서 그는 모과 한 무더기를 발견했다.
[Zài shuǐguǒdiàn tā fāxiàn yī duī mùgua.]

- **광고지문:** 食品店 [shípǐndiàn]
- **해석:** 동네 수퍼가게
- **단어설명**

百事可乐	Bǎishìkělè	펩시콜라
烟酒	yānjiǔ	담배와 술
冷饮	lěngyǐn	청량음료
烤翅	kǎochì	구운 닭 날개

 작 문

那家食品店关门了。

그 식품 가게는 문을 닫았다.

[Nà jiā shípǐndiàn guānmén le.]

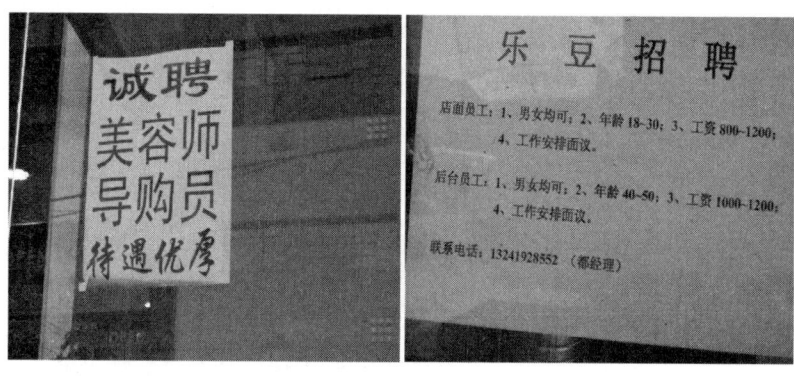

- 광고지문: 招聘 [zhāopìn]
- 해석: 직원 모집
- 단어설명

诚聘	chéngpìn	인재 초빙
美容师	měiróngshī	미용사
导购员	dǎogòuyuán	상담원
特遇优厚	tèyù yōuhòu	특별 우대
乐豆招聘	lèdòu zhāopìn	러도우 직원 모집
店面员工	diànmiàn yuángōng	매장 직원(점원)

年龄	niánlíng	연령
工资	gōngzī	임금
面议	miànyì	면접 후 상의
后台员工	hòutái yuángōng	백오피스 직원
男女均可	nánnǚ jūn kě	남녀 모두 가능
联系	liánxì	연락

작문

我要招聘一名秘书。

나는 비서를 한 명 뽑으려 한다.

[Wǒ yào zhāopìn yī míng mìshū.]

- **광고지문:** 尝一口串店 [cháng yī kǒu chuàndiàn]
- **해석:** 한 입 고기 꼬치가게

■ 단어설명

清真	qīngzhēn	회교식의, 이슬람교의, 산뜻하고 질박하다
新疆	xīnjiāng	신쟝
风味	fēngwèi	맛
阿里巴巴	ālǐbābā	알리바바
羊肉	yángròu	양고기

 작 문

路上一家的烤羊肉串店远近闻名。

길가에 있는 양고기 꼬치가게는 근처에 소문이 자자하다.

[Lùshàng yī jiā de kǎo yángròuchuàndiàn yuǎnjìn wénmíng.]

- **광고지문**: 生鲜蔬菜 [shēngxiān shūcài]
- **해석**: 신선한 채소
- **단어설명**

| 生鲜 | shēngxiān | 신선하다 |
| 蔬菜 | shūcài | 채소, 야채 |

 작문

他家的院里种着多种蔬菜。
그의 집 정원 안에는 여러 종류의 채소가 심어져 있다.
[Tā jiā de yuàn lǐ zhǒng zhe duō zhǒng shūcài.]

- **광고지문:** 内部装修 暂停营业

  [nèibu` zhuāngxiū zàntíng yíngyè]

- **해석:** 내부수리 관계로 잠시 영업정지

- **단어설명**

内部	nèibu	내부
装修	zhuāngxiū	수리하다, 인테리어 하다
暂停	zàntíng	잠시 멈추다
营业	yíngyè	영업하다

 작문

我的新居还没有装修。
우리의 새집은 아직 내부 공사를 하지 않았다.
[Wǒ de xīnjū hái méiyǒu zhuāngxiū.]

- **광고지문:** 开心来翅吧 [kāixīn lái chì bā]
- **해석:** 즐겁게 오는 닭 날개집
- **단어설명**

开心	kāixīn	즐겁다
翅吧	chìbā	닭 날개 요리점
特色烧烤	tèsè shāokǎo	특별한 구이
烩面	huìmiàn	잡탕면
久记	jiǔjì	오래 기억하다

 작 문

我们很喜欢去翅吧吃鸡翅。
우리는 닭 날개집에 가서 닭날개 먹는 것을 좋아한다.
[Wǒ men hěn xǐhuān qù chìbā chī jīchì.]

- 광고지문: 普洱茶 [pǔěrchá]
- 해석: 보이차
- 단어설명

天福	tiānfú	티엔푸(고유명사)
茗茶	míngchá	차
驰名	chímíng	유명하다, 명성을 떨치다
商标	shāngbiāo	상표

 작문

使用正确方法来泡高档的普洱茶。

고급 보이차는 정확한 방법으로 끓여 마셔야 한다.

[Shǐyòng zhèngquè fāngfǎ lái pào gāodàng de pǔěrchá.]

- **광고지문**: 小心烫手 [xiǎoxīn tàngshǒu]
- **해석**: 손 데이지 않게 조심
- **단어설명**

小心	xiǎoxīn	주의하다
烫手	tàngshǒu	손을 데다, 손대기 어렵다
玻璃	bōli	유리
依靠	yīkào	의지하다, 기대다

 작문

这种壶把很烫手的。
이런 주전자 손잡이는 손을 데기 매우 쉽다.
[Zhè zhǒng húbǎ hěn tàngshǒu de.]

- **광고지문:** 洁美浴池 [jiéměi yùchí]
- **해석:** 깨끗하고 청결한 목욕탕
- **단어설명**

洁美	jiéměi	청결한, 깨끗한
浴池	yùchí	목욕탕
桑拿	sāngná	사우나

再去浴池的时候, 我终于可以脱光衣服洗澡了.

다시 목욕탕에 갔을 때 나는 마침내 옷을 다 벗고 목욕을 할 수 있었다.

[Zài qù yùchí de shíhòu, wǒ zhōngyú kěyǐ tuōguāng yīfú xǐzǎo le.]

- **광고지문:** 美发工作室 [měifà gōngzuòshì]
- **해석:** 미용실
- **단어설명**

美发	měifa	미용
工作	gōngzuo	일하다
纹身	wénshēn	문신
烟花烫	yānhuātàng	폭죽 파마
睫毛	jiémáo	속눈썹
洗眉绣眉	xǐméi xiùméi	눈썹 그리고 그림
娃娃烫	wáwátàng	속눈썹 파마
陶瓷烫	táocítàng	뜨거운 파마
再来	zàilái	다시 오다
美发厅	měifàtīng	미용실

작문

他们成立了美发美容行业协会。

그들이 미용업 협회를 세웠다.

[Tā men chénglì le měifà měiróng hángyè xiéhuì.]

- **광고지문:** 裤子专卖店 [kùzi zhuānmàidiàn]
- **해석:** 바지 전문 판매점
- **단어설명**

裤子	kùzi	바지
专卖店	zhuānmàidiàn	전문 판매점
内衣	nèiyī	속옷

公司运营这家专卖店。

회사에서 이 전문 판매점을 운영한다.

[Gōngsī yùnyíng zhè jiā zhuānmàidiàn.]

- **광고지문**: 治安岗亭 [zhìān gǎngtíng]
- **해석**: 치안 검문소
- **단어설명**

治安	zhìān	치안
岗亭	gǎngtíng	(군인과 경찰이 보초를 서는) 초소(哨所), 검문소(检问所)
伸缩门	shēnsuōmén	개폐문
不锈钢	bùxiùgāng	스테인리스강(stainless강)

 작 문

请在我们的岗亭里休息一下。
우리 검문소 안에서 좀 쉬십시오.
[Qǐng zài wǒ men de gǎngtíng lǐ xiūxī yī xià.]

- **광고지문:** 彩色数码打印 [cǎisè shùmǎ dǎyìn]
- **해석:** 컬러 디지털 인쇄
- **단어설명**

证件	zhèngjiàn	증명
身份证	shēnfènzhèng	신분증
驾驶证	jiàshǐzhèng	운전면허증
暂住证	zànzhùzhèng	단기 거류증
护照	hùzhào	여권
儿童套照	értóng tàozhào	아동 촬영

复印	fùyìn	복사
传真	chuánzhēn	팩스
扫描	sǎomiáo	스캔
名片	míngpiàn	명함
婚礼摄像	hūnlǐ shèxiàng	웨딩촬영
录像带	lùxiàngdài	비디오 테이프
光盘	guāngpán	컴팩트 디스크, 시디

 작 문

这个文件很要紧，必须马上打印出来。
이 문서는 매우 중요하기 때문에 반드시 즉시 인쇄해야 한다.
[Zhè gè wénjiàn hěn yàojǐn, bìxū mǎshàng dǎyìn chū lái.]

- **광고지문**: 我爱我家(5i5j) [wǒ ài wǒ jiā]
- **해석**: 집 사랑 부동산
- **단어설명**

公寓	gōngyù	아파트
租售	zūshòu	월세 혹은 매매
店长	diànzhǎng	점장
推荐	tuījiàn	추천하다

 작문

商业用房可租可售。
상업용 건물은 세를 줄 수도 있고, 팔수도 있다.
[Shāngyèyòngfáng kě zū kě shòu.]

- **광고지문**: 西安风味面馆 [Xīān fēngwèi miànguǎn]
- **해석**: 시안 면(面)집
- **단어설명**

美食城	měishíchéng	음식점
饺子	jiǎozi	만두, 교자
正宗	zhèngzōng	정통의, 원조
拉面	lāmiàn	손구수

 작문

几条街外有一家很棒的面馆。
몇 블럭 나가면 매우 훌륭한 면(面)집이 있다.
[Jǐ tiáo jiē wài yǒu yī jiā hěn bàng de miànguǎn.]

- **광고지문:** 四合院 [sìhéyuàn]
- **해석:** 사합원(사방이 집이고 중간 부분에 뜰이 있는 주택 양식)
- **단어설명**

什刹海	shíchàhǎi	베이징성(北京城) 서북부 가장자리에 있는 호수의 이름(교통이 매우 편리하며, 원래 이곳 주변에 10개의 절이 있었다)
感受	gǎnshòu	느끼다

작문

我对北京的四合院非常感兴趣。
나는 베이징의 사합원에 관심이 매우 많다.
[Wǒ duì Běijīng de sìhéyuàn fēicháng gǎn xìngqù.]

- **광고지문**: 北京送水网 [Běijīng sòng shuǐ wǎng]
- **해석**: 베이징 생수 배달 사이트
- **단어설명**

| 主营 | zhǔyíng | 주요 영업 |
| 水站 | shuǐzhàn | 생수 저장지 |

 작 문

那管子是送水用的。
저 관은 바로 송수용 관이다.
[Nà guǎnzi shì sòng shuǐ yòng de.]

- **광고지문:** 香格里拉 北京嘉里中心大酒店

  [Xiānggélǐlā Běijīng jiālǐ zhōngxīn dà jiǔdiàn]
- **해석:** 샹그리라 베이징 지아리(Kerry) 센터 호텔
- **단어설명**

香格里拉	Xiānggélǐlā	샹그리라
大酒店	dà jiǔdiàn	호텔
神剑	shénjiàn	선지엔(고유명사)
宾馆	bīnguǎn	여관, 호텔(hotel)(손님이 머물게 접대하는 곳으로, 지금은 규모가 비교적 크고 시설이 좋은 곳)
娱乐	yúlè	오락
会议	huìyì	회의

 작 문

你认为我们什么时候能到达酒店?
당신은 우리가 언제 호텔에 도착할 수 있으리라 생각합니까?
[Nǐ rènwèi wǒ men shénme shíhòu néng dào dá jiǔ diàn?]

- **광고지문:** 异旅 · 云 [yìlǚ · yún]
- **해석:** 이국으로의 여행 · 윈난
- **단어설명**

云南	Yúnnán	윈난
泰国	Tàiguó	태국
风情	fēngqíng	바람의 상황(풍향(风向), 풍력(风力)에 관한 상황)
餐吧	cānbā	식당
西餐厅	xīcāntīng	서양식 식당

 작문

这是我们在餐吧的照片。
이것은 우리가 식당에 있을 때의 사진이다.
[Zhè shì wǒ mèn zài cānbā de zhàopiàn.]

- **광고지문:** 洁美干洗 [jiéměi gānxǐ]
- **해석:** 깨끗하고 청결한 세탁
- **단어설명**

干洗	gānxǐ	드라이클리닝(dry cleaning)하다. 건식세탁(乾式洗濯)하다. 건조세탁(乾燥洗濯)하다.
皮衣	píyī	가죽옷
洗衣店	xǐyīdiàn	세탁소

 **작 문**

把一套西服干洗, 多少钱?
양복 한 벌 드라이 하는 데 얼마입니까?
[Bǎ yī tào xīfú gānxǐ, duōshǎo qián?]

- **광고지문:** 服裝加工 [fúzhuāng jiāgōng]
- **해석:** 옷 수선
- **단어설명**

服裝	fúzhuāng	의복
加工	jiāgōng	가공하다
休閑裤	xiūxiánkù	평상복 바지
牛仔裤	niúzǎikù	청바지. 블루진(blue jeans), 牛崽裤 niúzǎikù 라고도 함.

 작문

我们应该学原材料加工技术。
우리는 반드시 원자재 가공 기술을 배워야 한다.
[Wǒ men yīnggāi xué yuán cáiliào jiāgōng jìshù.]

- **광고지문:** 胡同内无厕所 严禁随地小便

  [hútòng nèi wú cèsuǒ yánjìn suídì xiǎobiàn]

- **해석:**

  골목 안에는 화장실이 없으니, 아무 곳이나 소변보는 것을 엄금합니다.

- **단어설명**

厕所	cèsuǒ	화장실
严禁	yánjìn	엄금하다, 절대로 못하게 하다.
随地	suídì	어디서나, 아무 데나
小便	xiǎobiàn	소변
地区	dìqū	지역, 지구
邮政	yóuzhèng	우편, 우편행정
编码	biānmǎ	번호, 부호화하다, 코딩(coding)하다
寻狗	xúngǒu	개를 찾다
启示	qǐshì	(나아갈 길을) 알려주다, 깨닫게 하다, 계시(启示)하다, 계몽(启蒙)하다, 시사(示唆)하다

 작문

他把厕所打扫得很清洁。

그는 화장실을 매우 깨끗하게 청소한다.

[Tā bǎ cèsuǒ dǎsǎo de hěn qīngjí.]

- 광고지문: 修理店 [xiūlǐdiàn]

- 해석: 수리점

- 단어설명

配钥匙	pèiyàoshi	열쇠 맞춤
刻字	kèzì	글자를(도장을) 새기다
非常	fēicháng	평범하지 않다, 예사롭지 않다. 비상(非常)하다
专业	zhuānyè	전공(专攻)
快照	kuàizhào	스냅 촬영하다

冲印	chōngyìn	(필름을) 현상하고 (사진을) 인화하다
摄影	shèyǐng	촬영하다
外拍	wàipāi	외부 촬영

 작 문

我的表已送去修理店了。
나의 시계는 이미 수리점에 보냈다.
[Wǒ dė biǎo yǐ sòng qù xiūlǐdiàn lė.]

- **광고지문**: 鞋 [xié]
- **해석**: 신발

■ 단어설명

高中档	gāozhōngdàng	고가품 및 중가품
皮鞋	píxié	구두
运动鞋	yùndòngxié	운동화
至尊无上	zhìzūnwúshàng	지존무상
休闲皮鞋	xiūxián píxié	생활 구두
尊贵	zūnguì	존귀(尊贵)하다, 고귀(高贵)하다
春夏	chūnxià	봄과 여름, 춘추

작 문

心正不怕影儿邪，脚正不怕倒蹈鞋。

마음이 바르면 그림자가 비뚤 걱정이 없고, 발이 바르면 거꾸로 신발을 신을 걱정이 없다.

[Xīn zhèng bù pà yǐng'ér xié, jiǎo zhèng bù pà dǎo dǎo xié.]

- **광고지문:** 天天早餐 [tiāntiān zǎocān]
- **해석:** 날마다 아침식사
- **단어설명**

豆腐	dòufǔ	두부
豆浆	dòujiāng	콩국, 베지밀
小米粥	xiǎomǐzhōu	좁쌀 죽
紫米粥	zǐmǐzhōu	자미(푸젠성(福建省)에 나는 붉은 쌀) 죽
绿豆粥	lǜdòuzhōu	녹두 죽
素包	sùbāo	야채 소를 넣은 찐빵
油条	yóutiáo	(밀가루 반죽을 발효시켜 소금으로 간을 한 후) 모양을 길쭉하게 만들어 기름에 튀긴 바삭바삭한 식품
茶鸡蛋	chájīdàn	찻잎, 오향, 간장 등을 물에 넣어 삶은 달걀
麻团	mátuán	경단의 한 종류, 마투안
馄吞	húntūn	훈툰
皮蛋	pídàn	쑹화단(松花蛋 중국 저장성浙江省

		쑹화松花 지방의 음식으로 오리 알이나 계란을 물과 혼합한 석회, 점토, 소금, 매, 왕겨 등을 섞은 것에 넣어 밀봉하여 삭혀 만듦
小笼包	xiǎolóngbāo	작은 찐빵
烧麦	shāomài	'烧卖'의 오기 - 얇은 탕면피에 소를 넣고 만두처럼 빚어서 찐 음식
蒸饺	zhēngjiǎo	찐만두
早餐米粉	zǎocānmǐfěn	아침 식사로 먹는 쌀가루
早餐供应	zǎocāngōngyìng	아침 식사 제공
包子	bāozi	(채소, 고기, 엿 등의 소를 넣고 밀가루로 반죽된 피에 싼 후 쪄서 익혀 먹는) 찐빵
牛奶	niúnǎi	우유
粽子	zòngzi	쭝쯔(粽子). 각서(角黍). 조각(糙角). (웃기떡의 하나로 찹쌀가루에 대추를 이겨 섞고 꿀에 반죽하여 깨소나 팥소를 넣어 송편처럼 만든 다음, 기름에 지진 것)
电话卡	diànhuàkǎ	전화 카드

작문

一日三餐中, 早餐尤其重要。
하루 세 끼 중 아침 식사는 특히 중요하다.
[Yī rì sāncān zhōn, zǎocān yóuqí zhòngyào.]

- **광고지문**: 北京小陈理发店 [Běijīng xiǎochén lǐfàdiàn]
- **해석**: 베이징 천(陈)군 이발소
- **단어설명**

洗剪吹	xǐ jiǎn chuī	헤어 드라이 크리닝(머리를 감겨 주고 자르고 말려주다)
焗油	júyóu	린스를 찌다, 오일을 찌다(머리카락에 염색제나 린스 등을 바르고 특수하게 제작된 기구의 증기를 머리에 쐬어 염색제나 린스가 깊숙하게 스며들도록 하는 것)
飘彩	piāocǎi	최신 유행 머리
烫头	tàngtóu	파마 머리
离子烫	lízitàng	붙임 머리 파마
老马理发	lǎomǎ lǐfà	마(马)씨 이발소
中老年	zhōng lǎonián	중장년
剃光头	tì guāngtóu	대머리 면도
刮脸	guāliǎn	얼굴 면도
剃胎头	tì tāitóu	영유아 머리 이발

一直往前走直到理发店为止。

곧장 앞으로 이발소까지 가세요.

[Yīzhí wǎng qián zǒu zhí dào lǐfàdiàn wéizhǐ.]

- 광고지문: 中城电讯 [zhōngchéng diànxùn]

- 해석: 중청 전기통신(电气通信)

- 단어설명

连锁企业	liánsuǒ qǐyè	체인 기업
主要城市	zhǔyào chéngshì	주요 도시
天气预报	tiānqì yùbào	일기예보
气象局	qìxiàngjú	기상국(气象局)(기상대를 관공서로서 표현한 이름)
中央气象台	zhōngyāng qìxiàngtái	중앙 기상대

 작문

在现场的记者们的报导已经综合成一篇发自巴黎的电讯。

현장 기자들의 보도는 이미 파리로부터 보내온 한 통의 전보로 만들어졌다.

[Zài xiànchǎng de jìzhě men de bàodào yǐjīng zōnghé chéng yī piān fāzì Bālí de diànxùn.]

- 광고지문:

因整修地面，请来往车辆停放在楼宇两侧，游泳客人请绕行，给您到来不便敬请谅解!

[yīnzhěngxiūdìmiàn, qǐngláiwǎngchēliàngtíngfàngzàilóuyǔliǎngce, yóuyǒngkèrénqǐngràoxíng, gěiníndàoláibùbiànjǐngqǐngliàngjiě!]

■ 해석:

지면 전체 공사로 인해 왕래 차량은 건물 양측에 정차해 주십시오. 수영을 하기 위해 방문한 고객께서는 길을 돌아가 주십시오. 여러분께 불편을 끼쳐드림에 너그러이 이해해 주시길 바랍니다!

■ 단어설명

地面	dìmiàn	지면
楼宇	lóuyu	건물(2층 또는 그 이상의 층으로 이루어진 건물)
绕行	ràoxíng	돌아가다
不便	bùbiàn	불편하다
敬请	jìngqǐng	공경스럽게 청하다
谅解	liàngjiě	이해하다
京	jīng	베이징을 나타내는 말

작문

在我们搬进去之前, 房屋必须整修。
우리가 이사 들어가기 전에 방은 반드시 전체적으로 수리해야 한다.
[Zài wǒ men bān jìnqù zhī qián, fángwū bìxū zhěngxiū.]

- **광고지문:** 营业中/起名 验名 [yíngyè zhōng / qǐmíng yànmíng]
- **해석:** 영업 중 / 작명 성명풀이
- **단어설명**

起名	qǐmíng	작명하다, 이름을 짓다, 명명(命名)하다
验名	yànmíng	이름을 풀이하다
咨询	zīxún	자문(咨问)하다, 의견을 구하다, 의견을 묻다, 컨설팅(consulting)하다

 작 문

比起名分，更追求实利。

명분보다 실리를 따르다.

[Bǐ qǐ míngfēn, gèng zhuīqiú shílì.]

- **광고지문**: 日用百货 [rìyòng bǎihuò]
- **해석**: 일용잡화점
- **단어설명**

日用	rìyòng	일용
百货	bǎihuò	백화, 잡화
市话	shìhuà	시내 통화
长途	chángtú	장거리
礼品	lǐpǐn	선물용품

 작 문

市场上的日用百货很紧俏。
시장에 있는 일용 잡화들은 매우 잘 팔린다.
[Shìcháng shàng de rìyòng bǎihuò hěn jǐnqiào.]

- **광고지문:** 宝瑞通典当行 [bǎoruìtōng diǎndānghéng]
- **해석:** 바오루이퉁 전당포
- **단어설명**

典当行	diǎndāngháng	전당포
钱款	qiánkuǎn	돈(수량이 비교적 많고 어떤 특정 용도로 쓰이는 돈)
当面	dāngmiàn	면전에서. 얼굴을 맞대고
点清	diǎnqīng	일일이 다 세밀하게 조사하다
合作	hézuò	협력하다, 협조하다, 합작하다 (공동의 목적을 위해 함께 일하거나 어떤 임무를 완성시키는 동작)
商厦	shāngxià	상업빌딩. 즈니스빌딩(business building)(일반적으로 여러 상점이 있고, 상업적인 기능을 하는 고층 대형 상가)

 작문

那家典当行信誉很好。

그 전당포는 신망이 매우 좋다.

[Nà jiā diǎndāngháng xìnyù hěn hǎo.]

- 광고지문: 好读书咖啡吧 [hǎo dúshū kāfēibā]
- 해석: 책 읽기 좋은 커피점
- 단어설명

读书	dúshu	독서하다
咖啡吧	kāfēibā	커피숍
鲜奶	xiānnǎi	신선한 우유
奶屋	nǎiwū	밀크 하우스
原鲜牛奶	yuánxiān niúnǎi	원액이 신선한 우유

 작문

她是那家咖啡吧的咖啡吧员。
그녀는 저 커피숍의 웨이트레스(Waitress)이다.
[Tā shì nà jiā kāfēibā de kāfēibāyuán.]

- **광고지문:** 生日蛋糕 [shēngrì dàngāo]
- **해석:** 생일 케익
- **단어설명**

生日	shēngrì	생일
蛋糕	dàngāo	케익
十年老店	shí nián lǎodiàn	10년 된 옛 가게
现场制作	xiàncháng zhìzuò	즉석 제작

 작 문

他做起蛋糕来了。
그는 케이크를 만들기 시작했다.
[Tā zuò qǐ dàngāo lái le.]

- **광고지문**: 奶箱 [nǎixiāng]
- **해석**: 우유 배달함
- **단어설명**

| 报箱 | bàoxiāng | 신문 배달함 |

 작 문

奶箱里有一瓶牛奶。

우유 배달함 안에는 우유 한 병이 들어있다.

[Nǎixiāng lǐ yǒu yī píng niúnǎi.]

- 광고지문: 甜 地瓜 [tián dìguā]
- 해석: 달콤한 포테이토
- 단어설명

法式	fǎshì	프랑스 식
月饼	yuèbǐng	월병(月饼)(중국사람들이 추석(秋夕) 때 먹는 소를 넣어 만든 둥근 과자)
新意	xīnyì	새로운 뜻, 새로운 경지
中秋	zhōngqiū	추석, 중추절
浓情	nóngqíng	두터운 애정

 작문

我喜欢的是熟透的地瓜。
내가 좋아하는 것은 푹 삶은 고구마이다.
[Wǒ xǐhuān dè shì shútòu dè dìguā.]

- **광고지문**: 芙蓉 湘 菜馆 [fúróng xiāng càiguǎn]
- **해석**: 푸롱(芙蓉) 후난 음식점
- **단어설명**

內设	nèishè	실내 인테리어
包间	bāojiān	(호텔, 음식점 등) 특별한 손님을 위해 전용으로 만든 방이나 전용 객실
湖南	húnán	후난성(湖南省)
乡村	xiāngcūn	시골, 향촌(乡村), 농촌(农村)

土家	tǔjiā	투지아족(土家族)(중국 55개 소수민족의 하나로 후난(湖南), 후베이(湖北), 쓰촨(四川) 등지에 주로 거주)
订餐	dìngcān	식사(식당)을 예약하다

작문

在许多城市你能发现中国菜馆。

수많은 도시에서 당신은 중국 음식점을 발견할 수 있다.

[Zài xuǔduō chéngshì nǐ néng fāxiàn Zhōngguó cài guǎn.]

- **광고지문**: 婚庆 花轿 [hūnqìng huājiào]
- **해석**: 신혼 꽃가마

■ 단어설명

婚庆	hūnqìng	결혼식 피로연(披露宴)
花轿	huājiào	(결혼할 때 신부가 타는) 꽃가마
利民	lìmín	국민을 이롭게 하다. 헤이룽장성(黑龙江省)산시성(山西省)에 위치하는 지명
花圈	huāquān	(생화나 조화 등 조의를 표하는 데 쓰는) 화환(花环)이나 조화(吊花)
寿衣	shòuyī	수의(寿衣)(염습(殓袭)할 때 시체에 입히는 옷)
裱糊	biǎohú	벽. 천장 등을 도배하다
纸活	′zhǐhuó	(집, 돈, 물건 등) 종이로 만든 장례 공예 제품
刻碑	kèbēi	비석을 새겨 넣다
骨灰盒	gǔhuīhé	(사람의 유골 가루를 넣는) 유골함

 작 문

花轿准备的差不多了，外面的人家都在等著看新娘。
꽃가마 준비가 거의 다 되자 밖의 사람들은 모두 신부를 보려고 기다리고 있다.
[Huājiào zhǔnbèi de chàbùduō le, wàimiàn de rénjiā dōu zài děng zhe kàn xīnniáng.]

- **광고지문:** 洗手间 [xǐshǒujiān]
- **해석:** 화장실
- **단어설명**

洗手间	xǐshǒujiān	화장실
节约用水保护水资源	jiéyuē yòngshuǐ bǎohù shuǐzīyuán	물 사용 절약은 수자원 보호!

 작 문

残疾人洗手间就在一层。
장애인 화장실은 바로 1층에 있습니다.
[Cánjírén xǐshǒujiān jiù zài yī céng.]

- **광고지문:** 12平米 北京最小的酒吧

  [12píngmǐ Běijīng zuì xiǎo de jiǔbā]
- **해석:** 12평방미터 베이징에서 가장 작은 술집
- **단어설명**

| 平米 | píngmǐ | (도량형) 제곱미터. 평방미터 |
| 俱乐部 | jùlèbù | 클럽(club)(사회, 문화, 예술, 체육, 여가 등의 활동 단체나 장소) |

 작 문

我想加入你们的俱乐部。

나는 당신들의 클럽에 가입하고 싶습니다.

[Wǒ xiǎng jiārù nǐmen de jùlèbù.]

- **광고지문:**

    出租 / 五建小区塔楼两居中一个大间出租，可上网，洗澡，有空调，家电家居齐全，精装修，有意者请与我联系！

    [hūzū/zhōngjièwùrǎo wǔjiànxiǎoqū tǎlóu liǎngjū zhōng yī gè dà jiān chūzū, kě shàngwǎng, xǐzǎo, yǒu kōngtiáo, jiādiàn jiājū qí quán jīngzhuāngxiū, yǒu yì zhě qǐng yǔ wǒ liánxì!]

- **해석:**

    세 놓음 / 5동 구역 타워 건물로 방 두 개 중 큰 방 세놓습니다. 인터넷과 목욕이 가능하며 에어컨이 설치되었습니다. 가전제품과 가구 모두 완비되어 있으며 내부는 세심한 인테리어로 꾸며졌습니다. 뜻 있는 사람은 저와 연락하기 바랍니다!

- **단어설명**

出租	chūzū	세놓다
塔楼	tǎlóu	탑 구조의 고층 건물, 타워(tower)
两居	liǎngjū	방 두 개의 집

大间	dàjiān	큰 방
可上网	kěshàngwǎng	인터넷 가능
洗澡	xǐzǎo	목욕
空调	kōngtiáo	에어컨
家电	jiādiàn	가전제품
家居	jiājū	가구
齐全	qíquán	완전히 갖추다. 완비(完备)하다
精装修	jīngzhuāngxiū	세밀한 내부 인테리어
有意者	yǒuyìzhě	뜻 있는 사람
出租	chūzū	세놓음
附近有单间出租. 全卧独卫. 亮间暗间	fùjìn yǒu dānjiān chūzū quánwò dúwèi. liàngjiān ànjiān.	부근 단칸방 세놓음. 모든 방 화장실 구비. 밝은 방과 어두운 방 있음.

 작 문

刚才他打电话叫了一辆出租车。

방금 그는 전화로 택시 한 대를 불렀다.

[Gāngcái tā dǎ diànhuà jiào le yī liàng chūzūche.]

- **광고지문:** 真功夫 / 香汁排骨饭 60秒到手

  [zhēn gōngfū / xiāngzhī páigǔfàn 60miǎo dàoshǒu]
- **해석:** 진짜 솜씨 / 향기로운 갈비 덮밥 60초 내 그대의 손에
- **단어설명**

真功夫	zhēn gōngfū	진짜 실력. 진짜 솜씨. 진짜 기술
香汁	xiāngzhī	향기로운 주스
排骨饭	páigǔfàn	(돼지·소·양 등의) 갈비를 얹은덮밥
60秒	60miǎo	60초
到手	dàoshǒu	손에 넣다. 손에 들어오다. 획득하다

 작 문

午餐-排骨饭或鸡腿便当。

점심은 갈비 덮밥이나 닭다리면 적당하다.

[Wǔcān - páigǔ fàn huo`jītuǐ biàndàng.]

- 광고지문: 贝黎诗 [bèilíshī]
- 해석: PALAI 스파(SPA)
- 단어설명

贝黎诗	bèilíshī	PALAISPA
实现	shíxiàn	실현하다
美丽	měilì	아름답다
梦想	mèngxiǎng	꿈, 이상
冰淇淋	bīngqílín	아이스크림

 작문

明知道冰淇淋很甜，但是我还是喜欢吃。

아이스크림이 매우 달다는 것을 분명히 알고 있지만 나는 그래도 그것을 좋아한다.

[Míng zhīdào bīngqílín hěn tián, dànshì wǒ háishì xǐhuān chī.]

- **광고지문:** 不湊合 中餐馆 [bùcòuhé zhōngcānguǎn]
- **해석:** 대충 하지 않는 중국식 식당
- **단어설명**

湊合	còuhe	모이다, 그럭저럭하다, 대충하다
中餐馆	zhōngcānguǎn	중국식 식당
有的不仅是味美价廉	yǒu de bùjǐn shì wèi měi jià lián	어떤 사람은 맛이 있으면서도 가격이 싸다고 합니다.
还有我们用心的态度	hái yǒu wǒ men yòngxīn de tàidu	하지만 또한 우리의 정성스런 자세가 있습니다.
男孩女孩中餐馆	nán hái nǚhái zhōngcānguǎn	청춘남녀 중국식 식당

 작문

我们去那间新开张的中餐馆。

우리 저 새로 연 중국 식당에 갑시다.

[Wǒ men qù nà jiān xīn kāizhāng de zhōngcānguǎn.]

- 광고지문: 必胜客欢乐餐厅 [Bìshèngkè huānlè cāntīng]
- 해석: 즐거운 피자헛 식당
- 단어설명

必胜客	Bìshèngke	피자헛
欢乐	huānlè	즐겁다, 흥겹다, 유쾌하다
肯德鸡	Kěndéjī	캔터키프라이드 치킨(KFC)

 **작문**

这家酒店内餐厅在当地的西餐厅中相当有名.

이 호텔 내에 있는 음식점은 현지의 음식점들 중에서 꽤 유명하다.

[Zhè jiā jiǔdiàn nèi cāntīng zài dāngdì de cāntīng zhōng xiāngdāng yǒumíng.]

- **광고지문:** 好朋友 可可派 [hǎopéngyǒu kěkěpài]
- **해석:** 좋은 친구 초코파이
- **단어설명**

| 冰棍 | bīnggùn | 아이스바, 얼음과자. 아이스케이크(ice cake) |
| 太阳伞 | tàiyángsǎn | 양산 |

绿茶	lǜchá	녹차
绿色	lǜsè	녹색
好心情	hǎo xīnqíng	좋은 마음, 좋은 기분, 좋은 감정

작문

冰淇淋、冰棍、饮料都能在超市买。

아이스크림, 아이스 바, 음료수는 모두 밖에서 살 수 있다.

[Bīngqílín、bīnggùn、yǐnliào dōu néng zài chāoshì mǎi.]

- 광고지문: 克林莱 [kèlínlái]
- 해석: 크린랩

■ 단어설명

保鲜	bǎoxiān	(야채, 과일, 육류 등 부패하기 쉬운 음식물의) 신선도(新鲜度)를 유지하다
膜	mó	막(膜)(사람과 동물 체내에 얇은 피부처럼 생긴 조직)

 작 문

肉需要冰起来才能保鲜。

고기는 얼려야 신선도를 유지할 수 있다.

[Ròu xūyào bīng qǐlái cái néng bǎoxiān.]

9) IT 기술

- **광고지문:** 公用电话 [gōngyòng diànhuà]
- **해석:** 공중전화
- **단어설명**

公用	gōngyòng	공용, 공중
电话	diànhuà	전화

 작문

他从上午到晚上一直打电话找我。
그는 오전부터 저녁까지 계속 전화해서 나를 찾았다.
[Tā cóng shàngwǔ dào wǎnshàng yīzhí dǎ diànhuà zhǎo wǒ.]

- **광고지문:** 摩托罗拉 授权服务中心 质量服务

  [Mótuōluólā shòuquán fúwù zhōngxīn zhìliàng fúwù]

- **해석:** 모토로라 수권(권리위탁)서비스센터 품질서비스

- **단어설명**

摩托罗拉	Mótuōluólā	모토로라
授权	shòuquán	수권, 권리위탁
服务	fúwù	서비스
中心	zhōngxīn	센터
质量	zhìliàng	품질

 작문

该企业将筹划成立客户服务中心。

이 기업은 고객 서비스 센터 건립을 계획하려 한다.

[Gāi qǐyè jiāng chóuhuà chénglì kèhù fúwù zhōngxīn.]

- **광고지문**: 提供无线上网 [tígōng wúxiàn shàngwǎng]
- **해석**: 무선인터넷 제공
- **단어설명**

提供	tígōng	제공
无线	wúxiàn	무선
上网	shàngwǎng	인터넷에 접속하다

他们通过无线电话与顾客联络。

그들은 무선전화를 통해 고객과 연락을 한다.

[Tā men tōngguò wúxiàn diànhuà yǔ gùkè liánluò.]

- 광고지문: 大蜘蛛 反病毒软件 杀毒软件 品质为先

  [dà zhīzhū fǎn bìngdú ruǎnjiàn shādú ruǎnjiàn pǐnzhì wèixiān]

- 해석:

  큰 거미 바이러스 소프트웨어 바이러스제거 소프트웨어 품질 우선

- 단어설명

大	dà	크다
蜘蛛	zhīzhū	거미
反	fǎn	반
病毒	bìngdú	바이러스
软件	ruǎnjiàn	소프트웨어
杀毒	shādú	제거
品质	pǐnzhì	품질
为先	wèixiān	우선으로 하다

작문

这样一个商业软件的轮廓是相当清晰的。

이러한 상업 소프트웨어의 아우트라인(outline)은 꽤 명확하다.

[Zhèyàng yī gè shāngyè ruǎnjiàn de lúnkuò shì xiāngdāng qīngxī de.]

- 광고지문: 超快传真 [chāokuài chuánzhēn]
- 해석: 초고속 팩스
- 단어설명

| 超快 | chāokuài | 초고속 |
| 传真 | chuánzhēn | 팩스 |

 작문

请把有关此事的文件传真一份给我.
이 일과 관련된 문서 한 부를 저에게 팩스로 보내 주십시오.
[Qǐng bǎ yǒuguān cǐ shì dè wénjiàn chuánzhēn yī fèn gěi wǒ.]

- **광고지문**: 三星数码相机 [Sānxīng shùmǎ xiàngjī]
- **해석**: 삼성 디지털카메라

■ 단어설명

三星	Sānxīng	삼성
数码	shùmǎ	디지털
相机	xiàngjī	카메라

 작 문

我随时随地都带着数码相机。
나는 언제 어느 곳에도 디지털 카메라를 지니고 다닌다.
[Wǒ suíshí suídì dōu dài zhe shùmǎ xiàngjī.]

- 광고지문: 看奥运上搜狐 [kàn àoyùn shàng sōuhú]
- 해석: 소후에 접속해 올림픽을 보다

■ 단어설명

|  | shàng sōuhú | 소호에 접속하다 |

■ 작문

我喜欢上网聊天。
나는 인터넷 채팅을 좋아한다.
[Wǒ xǐhuān shàngwǎng liáotiān.]

- ■ 광고지문: 移动电话营业厅 精品手机
  [yídòng diànhuà yíngyè tīng jīngpǐn shǒujī]
- ■ 해석: 이동전화 영업점 정품 핸드폰

■ 단어설명

移动电话	yídòng diànhuà	이동전화
营业厅	yíngyè tīng	영업점
精品	jīngpǐn	정품
手机	shǒujī	핸드폰

 작 문

中国已经成为全球最大的移动电话市场。
중국은 이미 전 세계 최대의 이동 전화 시장이 되었다.
[Zhōngguó yǐjīng chéngwéi quánqiú zuì dà de yídòng diànhuà shìcháng.]

- **광고지문:** 长途电话 [chángtú diànhuà]
- **해석:** 장거리 전화
- **단어설명**

| 长途 | chángtú | 장거리 |

작문

我正在接听长途电话呢!
나는 막 장거리 전화를 받던 중이야!
[Wǒ zhèngzài jiētīng chángtú diànhuà ne!]

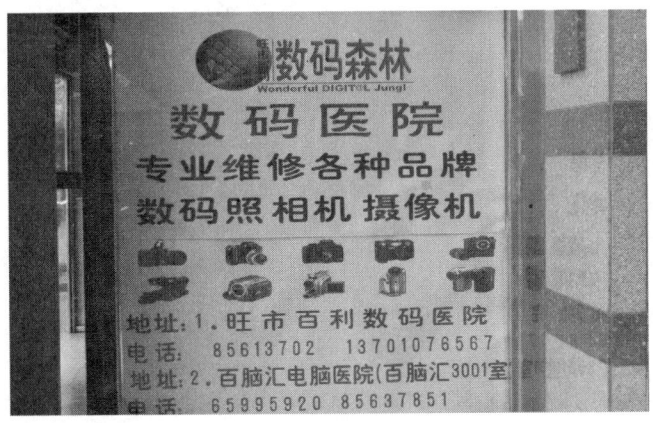

- **광고지문:**

  数码森林 数码医院 专业维修各种品牌 数码照相机 摄像机
  [shùmǎ sēnlín shùmǎ yīyuàn zhuānyè wéixiū gèzhǒng pǐnpái shùmǎ zhàoxiàngjī shèxiàngjī]

- **해석:**

  디지털 숲 / 디지털 병원 / 각종 브랜드 디지털카메라 비디오카메라 전문수리

- **단어설명**

数码	shùmǎ	디지털
森林	sēnlín	숲
医院	yīyuàn	병원
专业	zhuānyè	전공
维修	wéixiū	수리
各种	gèzhǒng	각종
品牌	pǐnpái	브랜드
数码照相机	shùmǎ zhàoxiàngjī	디지털카메라
摄像机	shèxiàngjī	비디오카메라

 작문

手机毕竟是手机, 哪能当数码相机用啊!
휴대전화는 휴대전화일 뿐, 어찌 디지털 카메라와 같을까!
[Shǒujī bìjìng shì shǒujī nǎ néng dāng shùmǎ xiàngjī yòng à!]

- **광고지문**: 手机, 数码相机 维修中心

  [shǒujī, shùmǎ xiàngjī wéixiū zhōngxīn]

- **해석**: 핸드폰 디지털카메라 수리 센터

- **단어설명**

手机	shǒujī	핸드폰
数码相机	shùmǎ xiàngjī	디지털카메라
维修中心	wéixiū zhōngxīn	수리센터

 작문

必须把这台计算机送到计算机维修中心去修理。
이 계산기는 반드시 계산기 수리 센터에 보내 수리해야 한다.
[Bìxū bǎ zhè tái jìsuànjī sòng dào jìsuànjī wéixiū zhōngxīnqù xiūlǐ.]

- **광고지문**: 最大, 最规范的 二手笔记本专区

  [zuìdà, zuì guīfàn de èrshǒu bǐjìběn zhuānqū]
- **해석**: 가장 크고 규범적인 중고노트북 전문지역
- **단어설명**

最大	zuìdà	가장 크다
规范	guīfàn	규범
二手	èrshǒu	중고
笔记本	bǐjìběn	노트북
专区	zhuānqū	전문지역

 작문

在某些地方, 二手电脑售价要便宜很多。
어떤 지역에서는 중고 컴퓨터의 가격이 훨씬 더 싸다.
[Zài mǒuxiē dìfāng, èrshǒu diànnǎo shòujià yào piányí hěn duō.]

- **광고지문:** 中关村在线 每日560万采购者都上的IT门户网站

  [Zhōngguāncūn zàixiàn měirì 560 wàn cǎigòuzhě dōu shàng de IT ménhù wǎngzhàn.]

- **해석:**

  온라인 중관춘 매일 560만 명의 구매자가 접속하는 IT 고객 사이트

- **단어설명**

在线	zàixiàn	온라인
每日	měirì	매일
采购者	cǎigòuzhě	구매자
门户网站	ménhù wǎngzhàn	포털사이트

작문

这个网站的注册人数已达到一亿人。

이 사이트의 접속자 수가 이미 일억 명에 이르렀다.

[Zhè gè wǎngzhàn de zhùcè rénshù yǐ dádào yī yì rén.]

- **광고지문**: 中国移动通信 中国移动充值卡 手机号码卡

[Zhōngguó yídòng tōngxìn zhōngguó yídòng chōngzhí kǎ shǒujī hàomǎ kǎ.]

- **해석**: 중국이동통신 중국이동 충전 카드 핸드폰 번호 카드

■ 단어설명

中国	Zhōngguó	중국
移动	yídòng	이동
通信	tōngxìn	통신
移动充值卡	yídòng chōngzhí kǎ	이동 충전 카드
手机号码卡	shǒujī hàomǎkǎ	핸드폰 번호 카드

 작문

请问, 您这里有卖手机充值卡吗?
여기에서 휴대폰 충전 카드를 파나요?
[Qǐng wèn, nín zhè lǐ yǒu mài shǒujī chōngzhíkǎ mà?]

■ 광고지문: 手机加油站 [shǒujī jiāyóuzhàn]

- **해석:** 핸드폰 충전소
- **단어설명**

手机	shǒujī	핸드폰
加油站	jiāyóuzhàn	주유소

작문

我们大学为了提供学生们的便利, 设备了一些手机加油站。
우리 대학은 학생들의 편의를 제공하기 위해 핸드폰 충전기를 마련하였다.
[Wǒ men dàxué wèile tígōng xuéshēng men de biànlì, shèbèi le yī xiē shǒujī jiāyóuzhàn.]

- **광고지문:** 手机超市 正品 低价 服务好

  [shǒujī chāoshì zhèngpǐn dījià fúwù hǎo]
- **해석:** 핸드폰 마켓 정품 저렴한 가격 우수한 서비스
- **단어설명**

手机超市	shǒujī chāoshì	핸드폰마켓
正品	zhèngpǐn	정품
低价	dījià	저가
服务	fúwù	서비스
好	hǎo	좋다

 작 문

这附近就是购物商圈，汇集着很多购物广场和手机超市。
이 부근이 바로 쇼핑 밀집 상권으로 많은 쇼핑 플라자와 핸드폰 마켓이 모여 있다.
[Zhè fùjìn jiùshì gòuwù shāngquān, huìjí zhè hěn duō gòuwu guǎngchǎng hé shǒujī chāoshì.]

- **광고지문:** 上网服务 [shàngwǎng fúwù]
- **해석:** 인터넷 접속 서비스
- **단어설명**

上网	shàngwǎng	인터넷에 접속하다
服务	fúwù	서비스

 작문

我们提供传真和上网服务。

우리는 팩스와 인터넷 접속 서비스를 제공한다.

[Wǒ men tígōng chuánzhēn hé shàngwǎng fúwù.]

- **광고지문:** 在路上网吧 [zài lùshàng wǎngbā]
- **해석:** 길거리 PC방
- **단어설명**

路上	lùshàng	노상, 길거리
网吧	wǎngbā	PC방

 작문

我毫不怀疑，许多网吧正在使用非法软件。

나는 수많은 PC방에서 불법적인 소프트웨어를 사용하고 있음을 확신한다.

[Wǒ háo bu huáiyí, xǔduō wǎngbā zhèngzài shǐyòng fēifǎ ruǎnjiàn.]

10) 기타

- **광고지문**: 必须戴安全帽 [bìxū dài ānquánmào]
- **해석**: 필히 안전모를 쓰세요.
- **단어설명**

必须	bìxū	필히
戴	dài	쓰다
安全帽	ānquánmào	안전모

 작문

在施工现场应戴安全帽才安全。
공사 현장에서는 반드시 안전모를 써야 안전하다.
[Zài shīgōng xiànchǎng yīng dài ānquánmào cái ānquán.]

- **광고지문:** 当心触电请勿靠近 [dāngxīn chùdiàn qǐng wù kàojìn]
- **해석:** 전기감전 주의 접근하지마세요
- **단어설명**

当心	dāngxīn	조심하다
触电	chùdiàn	전기감전
请	qǐng	~청하다
勿	wù	~하지 마라
靠近	kàojìn	접근하다

 작문

一个少年在试图用菜刀偷去高压线时触电致死。

한 소년이 칼로 고압전선을 잘라 훔쳐가려 하다 전기 감전으로 사망했다.

[Yī gè shàonián zài shìtú yòng càidāo tōu qù gāoyāxiàn shí chùdiàn zhìsǐ.]

- **광고지문:** 毛主席万岁万万岁 [Máo zhǔxí wànsuì wànwànsuì]
- **해석:** 마오주석 만세 만만세
- **단어설명**

毛主席	Máo zhǔxí	마오주석
万岁	wànsuì	만세
万万岁	wànwànsuì	만만세

 작문

法国人们高喊着"自由万岁!"
프랑스 사람들은 "자유만세!"를 크게 외치고 있다.
[Fǎguórén men gāo hǎn zhè"zìyóu wànsuì!"]

- **광고지문:** 爱在中秋 [ài zài Zhōngqiū]
- **해석:** 사랑이 가득한 추석
- **단어설명**

爱	ài	사랑(하다)
中秋	Zhōngqiū	추석

 작 문

农历八月十五日是中秋节。

음력 8월 15일은 추석 한가위다.

[Nónglì bā yuè shí wǔ rì shì Zhōngqiūjie.]

- **광고지문:** 小心开门 [xiǎoxīn kāimén]
- **해석:** 조심해서 문을 여시오
- **단어설명**

小心	xiǎoxīn	조심하다
开门	kāimén	문을 열다

 작 문

这里的商店每天上午九点开门。
이곳의 상점은 매일 오전 아홉 시에 문을 연다.
[Zhè lǐ de shāngdiàn měitiān shàngwǔ jiǔ diǎn kāimén.]

- **광고지문**: 希望之路 [xīwàng zhī lù]
- **해석**: 희망의 길
- **단어설명**

希望	xīwàng	희망
之	zhī	~의
路	lù	길

 작문

为人一条路，惹人一堵墙。
남을 위하면 길이 더 생기고, 남을 건드리면 담이 더 쌓인다.
[Wèi rén yī tiáo lù, rě rén yī dǔ qiáng.]

- **광고지문:** 禁止跳下 当心触电 请勿乱扔废弃物

  [jìnzhǐ tiàoxià dāngxīn chùdiàn qǐng wù luànrēng fèiqìwù]

- **해석:**

  뛰어내리지 마시오 / 전기감전 조심 / 폐기물을 함부로 버리지 마시오.

- **단어설명**

禁止	jìnzhǐ	금지
跳下	tiàoxià	뛰어내리다
请	qǐng	~청하다
勿	wù	~하지 마라
乱扔	luànrēng	함부로 버리다
废弃物	fèiqìwù	폐기물

 작 문

看这些乱扔的东西!
이렇게 내동댕이쳐진 것들을 보라!
[kàn zhèxiē luàn rēng de dōngxī!]

- 광고지문:

不向未成人售烟 香烟销售中 请勿乱扔杂物 请勿随地吐痰 请勿嬉笑打闹

[bù xiàng wèichéngrén shòuyān xiāngyān xiāoshòu zhōng qǐng wù luànrēng záwù qǐng wù suídì tǔtán qǐng wù xīxiào dǎnào]

■ 해석:

미성년자에게 담배 팔지 않음 담배판매 중 잡동사니 투기 금지 아무 곳에나 가래를 뱉지 마시오. 시끄럽게 웃거나 떠들지 마시오.

■ 단어설명

向	xiàng	~에게
未成人	wèichéngrén	미성년
售烟	shòuyān	담배를 팔다
香烟	xiāngyān	담배
销售	xiāoshòu	팔다
杂物	záwù	잡동사니
吐痰	tǔtán	가래를 뱉다
嬉笑	xīxiào	히히덕거리다
打闹	dǎnào	떠들썩하다

작문

父母们发起了一项阻止非法向16岁以下儿童售烟的活动。
부모들은 16세 이하의 어린이에게 불법으로 담배를 파는 것을 저지하는 활동을 시작했다.
[Fùmǔ men fāqǐ le yī xiàng zǔzhǐ fēifǎ xiàng 16 suì yǐ xià értóng shòu yān de huódòng.]

- **광고지문**: 未成年人禁止入内 [wèichéngniánrén jìnzhǐ rù nèi]
- **해석**: 미성년자 출입금지
- **단어설명**

未成年人	wèichéngniánrén	미성년자
禁止	jìnzhǐ	금지
入内	rù nèi	안에 들어오다

 작 문

在韩国, 商店不准把香烟卖给未成年人。
한국에서는 상점에서 담배를 미성년자에게 판매하면 안 된다.
[Zài Hánguó, shāngdiàn bù zhǔn bǎ xiāngyān mài gěi wèichéngniánrén.]

- **광고지문:** 安全第一 预防为主 综合治理 保障平安

  [ānquán dìyī yùfáng wèizhǔ zōnghé zhìlǐ bǎozhàng píngān]
- **해석:** 안전제일 예방위주 종합관리 평안보장
- **단어설명**

安全	ānquán	안전
第一	dìyī	제일
预防	yùfáng	예방
为主	wèizhǔ	위주
综合	zōnghé	종합
治理	zhìlǐ	관리하다
保障	bǎozhàng	보장
平安	píngān	평안

작 문

怎样才能预防感冒?
어떻게 해야만 감기를 예방할 수 있습니까?
[Zěnyàng cái néng yùfáng gǎnmào?]

- **광고지문**: 偷盗电缆是违法行为

  [tōudào diànlǎn shì wéifǎ xíngwèi]

- **해석**: 케이블을 훔치는 것은 위법행위이다

■ 단어설명

偷盗	tōudào	절도
电缆	diànlǎn	케이블
违法	wéifǎ	위법
行为	xíngwèi	행위

 작문

依照法律规定，严格处罚违法行为。
법률 규정에 따라 위법 행위를 엄격하게 처벌한다.
[Yīzhào fǎlǜ guīdìng, yángé chùfá wéifǎ xíngwèi.]

- 광고지문: 小心夹手 [xiǎoxīn jiāshǒu]
- 해석: 손 끼지 않게 조심

■ 단어설명

小心	xiǎoxīn	조심하다
夹手	jiāshǒu	손이 끼다

 작문

另一支手夹着一支雪茄烟。
다른 손가락에는 시가 한 개가 끼여 있다.
[Lìng yī zhī shǒu jiā zhè yī zhī xuěqiéyān.]

■ 광고지문: 请注意!! 未带身份证禁止上网

　　[qǐng zhùyì!! wèidài shēnfènzhèng jìnzhǐ shàngwǎng]

■ 해석: 조심하시오! 신분증 미소지자 인터넷 접속 금지

■ 단어설명

注意	zhùyì	주의하다
未带	wèidài	지니고 있지 않다
身份证	shēnfènzhèng	신분증

他遗失了自己的身份证。
그는 자신의 신분증을 분실했다.
[Tā yíshī le zìjǐ de shēnfènzhèng.]

- 광고지문: 请勿乱扔烟斗 [qǐng wù luànrēng yāndǒu]
- 해석: 담배꽁초를 함부로 버리지 마시요

■ 단어설명

| 烟斗 | yāndǒu | 담배꽁초 |

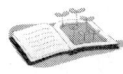 작 문

他放在桌上的烟斗散发出一股浓重的烟油子味。

그가 테이블에 놓아 둔 담배꽁초에서 짙은 담뱃진 냄새를 내뿜는다.

[Tā fàng zài zhuō shàng de yāndǒu sǎnfā chū yī gǔ nóngzhòng de yānyóu ziwèi.]

EPILOGUE

 광고는 자본주의 사회의 모체라 할 수 있는 미국에서 가장 발달한 사업이며, 이러한 광고업에 종사하는 종업원 수나 광고업분야의 매출액 역시 미국은 다른 국가에 비해 월등히 높다. 상업주의 사회인 미국에서는 이러한 광고업에 대해 흔히 미국의 상업주의 사회를 뒷받침하는 핵심적인 요소가 되고 있으며, 광고업 역시 상업주의 문화를 주도적으로 이끄는 역할을 하고 있다고 말해진다. 그러나 상업주의 사회에서 발생하는 이러한 광고는 매스컴, 재화, 용역을 판매하는 기업들이 서로 유기적으로 연결되어 서로의 이익을 분배하면서 그 이익을 극대화하기 위한 일상적 행위임에도 불구하고 정작 소비주체인 대중들은 과연 자신들의 소비자로서의 지위를 유지하고 있는가라는 문제에 봉착하면 하나의 중요한 의문점을 표시할 수 있게 될 것이다.
 "광고는 사람들의 욕구를 불필요하게 자극하여 과잉구매를 유도하고 있으며 계급의식이나 물질주의의 팽배, 그리고 바람직하지 못한 가치관을 대중에게 강요하고 있는 것이 아닐까"라는 주장이 바로 이것이다.
 이처럼 최근에 나타나는 광고와 사회, 광고와 소비자의 관계에 대한 인식들은 우리로 하여금 광고를 통한 사회 및 사람들의 삶을 이해할 수 있는 척도로서 기능하게 한다. 이 점에서 중국에서의 광고 역시 중국의 사회 및 중국인의 삶에 대한 이해에 다다를 수 있는 방편으로서 기능할 수 있으며, 필자는 이 책의 내용을 통해 어느 정도 그 가능성을 찾을 수 있었다. 이는 향후 "광고의 진실성"이라는 가장 근본적인 문제와 함께 광고를 통한 체계화된 중국 사회와 삶을 이해하는 과정으로서 나아가는 디딤돌이 될 수 있을 것이다.

　지금까지 두서없이 중국 광고에 대한 단상을 적어보았다. 중국에서 광고를 돌아보며 문화를 이해하는 것은 즐거운 일이다. 각각의 광고는 나름대로의 특색이 있고, 이러한 광고의 현장에 파고들어가 광고를 탐색하고 풀어내는 것은 중국 사회 및 중국인에 대한 색다른 접근을 한다는 느낌을 갖게 한다.
　이를 통해 필자는 광고에서 생생한 중국 사회와 중국인의 삶의 흔적들을 느낄 수 있었다. 이들 광고 안에는 배꼽 잡는 재미와 눈을 즐겁게 해주는 것, 우리로 하여금 눈살 찌푸리게 하거나 감동시키는 것들이 있었다. 비록 이 책에서는 눈에 보이는 광고에 주목하여 각종 광고에 대한 단순 서술에 그쳤지만, 이후 한·중 사회 언어를 대조분석 하듯이 한·중 광고 언어를 비교 분석하는 것은 또 다른 흥미로운 작업이 될 수 있을 것이다.

저자 약력

방준호
중국사회과학원 문학박사
경기대학교 · 숭실대학교 강사
『은막 위의 요정』, 『중국의 언어와 문화』 등

광고 중국어

초판 인쇄 2011년 5월 20일
초판 발행 2011년 5월 31일

지 은 이 | 방준호
펴 낸 이 | 하운근
펴 낸 곳 | 學古房

주   소 | 서울시 은평구 대조동 213-5 우편번호 122-843
전   화 | (02)353-9907 편집부(02)353-9908
팩   스 | (02)386-8308
전자우편 | hakgobang@chol.com
등록번호 | 제311-1994-000001호

ISBN 978-89-6071-204-1 93720

값 : 17,000원

※파본은 교환해 드립니다.